La petite fille
qui ne voulait pas grossir

Isabelle Caro

La petite fille qui ne voulait pas grossir

Flammarion

ISBN : 978-2-0812-1394-4

À ma mère. Maman, je te pardonne tout et je t'aimerai toujours malgré ma souffrance. Pardonne, toi aussi, le mal que je t'ai fait.

À mon père de cœur. C'est toi qui m'as élevée, je ne l'oublierai jamais. Quelles qu'aient pu être tes erreurs, tu as supporté beaucoup de choses à cause de ma maladie.

À vous deux. Désolée de vous avoir entraînés dans cette spirale infernale.

Note de l'auteur et de l'éditeur

Afin de conserver à cet ouvrage sa valeur de témoignage unique sans pour autant blesser tel ou tel en révélant des détails intimes, nous avons choisi de modifier les noms des personnes évoquées, ainsi que la plupart des noms de lieux cités. Différents endroits ont été aussi fondus en un seul. Par ailleurs, nous avons pris le parti d'user d'ellipses pour évoquer certains passages de la vie d'Isabelle Caro afin d'en faciliter la compréhension.

Que les lecteurs veuillent bien nous autoriser cette petite licence avec l'exactitude.

Prologue

L'affiche montre la photo d'une femme. Enfin, une créature de sexe féminin si l'on en croit les deux petits sachets de peau ridée qui pendent à l'emplacement des seins. Car celle qui pose devant l'objectif du photographe est entièrement nue. À moitié allongée sur un fond dégradé gris, une jambe fléchie de façon à ce que seul le pubis échappe au regard. En revanche, ce qu'on voit très bien, ce sont les os. On pourrait presque les compter tant ils ressortent, sans gras ni chair pour les enrober. Seule une peau tendue et desséchée habille ce squelette inhabituellement évident. La femme semble vivante mais on imagine aisément quelle morte elle fera.

Si on s'approchait de l'affiche, placardée sur un panneau à plusieurs mètres du sol, on distinguerait des plaques de psoriasis sur les bras du modèle. Le logo d'une marque de prêt-à-porter figure en haut à droite. C'est bizarre, parce qu'on ne voit aucun vêtement sur l'affiche et que la créature photographiée n'a rien d'un mannequin. Sauf qu'elle est encore plus maigre et qu'elle n'est pas maquillée, à part des taches de rousseur trop régulièrement disposées et nettes pour être naturelles.

Impossible de lui donner un âge. Son regard pourrait appartenir à une enfant perdue. Mais sa peau est distendue et flasque comme celle d'une personne âgée et son corps cadavérique porte les marques de la vieillesse.

Elle n'est vraiment pas belle, celle qui expose sa nudité sur les murs. Rien en elle n'a de quoi susciter le désir. La pitié plutôt, dans le meilleur des cas. Renforcée, justifiée peut-être, par le slogan : *No anorexia*.

*

* *

Moi, cette photo m'inspire de la honte. Parce que c'est la mienne.

Mais j'en suis fière également, car j'espère qu'elle aidera quelques jeunes filles à ne pas tomber dans la terrible maladie qui ruine ma vie depuis treize ans.

J'imagine que la plupart des gens qui l'ont vue se demandent comment on peut en arriver là, à cette maigreur effrayante qui évoque les rescapés filmés au sortir des camps de concentration, dans notre société d'abondance et d'obésité galopante.

C'est l'histoire que raconte ce livre, une histoire d'amour et de mort, l'histoire d'une petite fille qui ne voulait ni grossir ni surtout grandir.

*
* *

Cette histoire m'a pendant longtemps semblé tellement folle que je n'osais en parler. J'avais honte de dévoiler ce qu'avaient été mon enfance et mon adolescence, peur que celle qui en est la véritable héroïne, ma mère, ne soit mal jugée par mes auditeurs. Mais comment guérir si je ne me détache pas d'elle, si je ne suis pas capable de la regarder comme une personne ordinaire et distincte, et non plus comme la divinité toute-puissante et adorée, en dépit de tout, avec laquelle j'ai vécu, contrainte et forcée mais finalement consentante, une symbiose vénéneuse. Ne la condamnez pas, c'est, elle aussi, une victime que personne n'a secourue. Voici pourquoi je commencerai ce récit en racontant l'histoire de notre famille, inextricablement mêlée à la mienne et indispensable à sa compréhension.

Chapitre 1

La culture du malheur

Il était une fois, dans le fin fond de la Bretagne catholique de l'immédiat après-guerre, une famille pauvre. Yvon, le père, revenu malade, les poumons mités par la tuberculose, d'un camp de travail, gagnait chichement sa vie comme cheminot. Jeanne, la mère, une femme très pieuse qui ne manquait jamais la messe de six heures à l'église du village, servait à manger dans l'auberge locale, là où elle avait rencontré Yvon. La vie était dure, le malheur lui non plus ne se reposait jamais.

En cette fin des années 40, Jeanne, devenue mère au foyer, et Yvon enterrent leur deuxième petite fille, presque un bébé encore, à peine âgée de dix-huit mois. Emportée par la diphtérie parce qu'un rhume a empêché de lui inoculer le vaccin. Jeanne pleure à gros sanglots, au rythme des pelletées de terre qui s'écrasent sur le petit cercueil blanc, sous le crachin qui brouille les perspectives du cimetière communal. Yvon, dont le chagrin creuse le visage déjà marqué pour ses trente-quatre ans, la soutient. Ils ne savent pas qu'une nouvelle vie commence à se développer dans le ventre de Jeanne. Ce sera une autre petite fille, qu'ils appelleront Magdeleine, et qui, trente-trois ans plus tard, me donnera naissance.

Un garçon, Louis, vient compléter le cercle de famille en 1952. Le bonheur d'Yvon et Jeanne d'avoir enfin un fils est pourtant de courte durée car Louis attrape la polio à l'âge de quatre ans. Il ne peut plus marcher, à peine respirer, ce qui oblige à le placer dans un poumon d'acier pendant plusieurs mois. Cette maladie est un choc terrible pour la famille, un coup de plus pour des gens déjà malmenés par la guerre et la vie. L'invalidité du petit dernier mobilise l'attention et les soins de la mère, ainsi que ses prières. Mais, pendant ce temps, les deux filles, Jacqueline dite Jacotte et Magdeleine, se sentent délaissées. L'aînée en gardera, sa vie durant, une inguérissable mélancolie. La seconde, ma future maman, puisera un indéfectible sens du malheur dans cette enfance à la Zola.

Pourtant elle aurait pu échapper à cette fatalité. Elle a sept ans quand son petit frère tombe malade et sa mère l'envoie alors chez une tante. Femme joviale en dépit du fait qu'elle ne peut pas avoir d'enfant, elle s'occupe de la petite Magdeleine comme si c'était sa fille. L'oncle est un brave homme au tempérament enjoué, lui aussi ravi de cette enfant providentielle. Magdeleine les aime beaucoup, et elle serait parfaitement heureuse chez eux si la pensée de sa mère seule pour s'occuper du frère paralysé, de la grande sœur dépressive et du père quinteux ne gâtait irrémédiablement son contentement. Que se passe-t-il dans sa famille pendant qu'elle saute à la corde dans le jardin de sa tante ? Pourvu que personne ne soit mort ! Chaque matin, elle guette l'arrivée du courrier. Quand elle reconnaît l'écriture fine et inclinée vers la gauche de sa mère, elle tremble en ouvrant l'enveloppe. Vite elle parcourt la lettre pour s'assurer qu'aucune catastrophe n'y est annoncée. L'absence de mauvaise nouvelle ne lui rend pas sa tranquillité, car si ce n'est pas pour aujourd'hui, ce sera pour demain ou après-demain. *Le pire n'est jamais sûr*, dit le proverbe. Certes, néanmoins c'est le plus probable, complète Magdeleine.

*

* *

Au bout d'un an, la petite fille réintègre la maison familiale et son atmosphère plombée. Jacotte, qui a dû arrêter l'école pour travailler afin d'aider sa famille, traîne son mal-être ; la santé du père continue de se dégrader et celle du frère ne s'améliore guère. Il lui faudrait des soins qu'on ne trouve pas au village. Le centre de soins le plus proche se situe à Brest, soit à quarante-cinq kilomètres, trop loin pour y aller trois fois par semaine comme le recommande le médecin. Alors la famille déménage afin de s'installer en ville, quittant la maison en bordure de forêt octroyée par la SNCF pour un rez-de-chaussée – polio oblige – humide dans un HLM sonore. Les filles ne s'y plaisent pas, trop de bruit, trop d'inconnus dans cet environnement anguleux de brique et de béton.

Magdeleine est envoyée dans une école dirigée par des bonnes sœurs et majoritairement fréquentée par des enfants de la bourgeoisie, lesquels ne daignent pas frayer avec cette fille de prolétaires. Là, elle se sent plus seule que jamais, entre la froideur de ses condisciples et la tristesse persistante de sa sœur. Le père tousse de plus en plus. La mère prie comme une forcenée, s'esquintant les genoux à force de faire le tour de sa chambre prosternée tandis qu'elle alterne les « Notre Père » et les « Je vous salue Marie ». Comme s'il y avait une chance que Dieu soit ému par ses mortifications et décide de rendre ses jambes à Louis et de colmater les bronches mitées d'Yvon... Ses malades ne lui suffisant pas, Jeanne va chercher un rab de malheur ailleurs en soignant des cancéreux. Magdeleine tremble que sa mère n'attrape le crabe dans ses virées charitables. On a beau lui dire et lui répéter que ce n'est pas une maladie contagieuse, ma future maman n'en démord pas. La science, la logique et le bon sens n'ont pas de prise sur cet esprit ravagé par l'angoisse et persuadé qu'il n'y a pas d'autre destin possible que le malheur.

*
* *

C'est peu dire que la maisonnée marine dans la maladie et la mort. On ne rit pas souvent, chez ces gens-là ; la vie n'y est en rien une affaire plaisante mais la douloureuse traversée d'une vallée de larmes. Ni plaisir ni loisirs, seulement le labeur, la religion et le sens du devoir. On observe le Carême, on trace une croix sur son front le mercredi des Cendres et on jeûne le Vendredi saint. Le calendrier catholique rythme l'existence. Yvon emmène Louis en pèlerinage à Lourdes, sans Jeanne ni les filles parce que ça coûterait trop cher. Nul miracle ne se produit. Le garçonnet revient avec les gouttières en métal destinées à maintenir ses jambes atrophiées et les cannes grâce auxquelles il parvient, au prix de coûteux efforts, à marcher.

Magdeleine contracte, à l'âge de douze ans, un rhumatisme articulaire aigu, maladie grave à l'époque, mais pas assez pour concurrencer la poliomyélite. Elle reste alitée pendant des mois, les cours par correspondance remplacent l'école. Cet épisode ne sera pas sans incidence sur mon existence, comme on le verra plus tard. Les religieuses l'aident à pallier son absence qui dure au total un an. Après un séjour dans une colonie sanitaire, Magdeleine reprend le cours normal de sa scolarité. Elle a grandi pendant la maladie, est devenue une très jolie jeune fille aux longs cheveux bruns et aux grands yeux bleus. Les garçons commencent à se retourner sur sa silhouette fine ; elle ne leur prête pas attention, comme il se doit à son âge et selon les principes de la religion qui imposent de garder sa virginité intacte pour le mariage.

*

* *

Elle passe son bac avec succès et les sœurs lui proposent de devenir institutrice dans leur école, sans plus de formation. Comme c'est l'usage parmi les filles de son époque, Magdeleine va danser au bal des pompiers le 14 Juillet, où elle remarque un garçon aux yeux verts qu'elle prend pour un Américain à cause de sa très haute taille (plus d'un mètre quatre-vingt-dix) et qu'elle suppose être un G.I caserné quelque part dans la région. Elle le regarde de loin sans oser l'approcher. Le lendemain, en emmenant Louis aux soins, elle le croise à nouveau. Quand elle le montre à son frère, il la détrompe : « Mais non, il n'est pas amerloque, c'est un Breton comme toi et moi. Je le sais, il est dans ma classe. Joseph Le Gouen qu'il s'appelle. »

Magdeleine a vingt ans, Joseph dix-sept. La différence d'âge ne les empêche pas de se fréquenter assez rapidement, car Joseph a lui aussi remarqué la jolie brune qui l'épiait entre ses cils, le soir du feu d'artifice. Il est issu d'une famille de la petite bourgeoisie, son père travaille au Crédit agricole et il a trois frères et une sœur.

Joseph est un beau parleur, au verbe abondant et prometteur. Magdeleine n'a aucune confiance en elle, alors elle boit, comme un petit-lait miellé, les compliments de son soupirant sur sa beauté. Lyrique, il lui dépeint un avenir qui chante à tue-tête, des lendemains radieux vers lesquels ils s'avanceront main dans la main, des voyages qui les emmèneront tout autour de la terre, en train, en avion, à cheval et même peut-être en montgolfière.

Résultat, ils se marient deux ans plus tard, en 1971.

Chapitre 2

LA GROUPIE DU PIANISTE

Après le mariage, Magdeleine continue à enseigner dans les petites classes de l'école catholique. Joseph, lui, bricole à droite et à gauche, sans grande conviction. Les grands projets, les promesses mirifiques s'enlisent dans les sables des vaines illusions. Il n'a pas été fichu de décrocher son bac, tout juste un vague brevet de technicien en électronique, aussi répare-t-il des téléviseurs dans l'arrière-boutique d'un magasin d'audiovisuel. Hélas ! il ne tarde pas à se faire virer pour retards répétés. D'autres petits boulots se succéderont, sans plus de succès. Dans un premier temps, le bagout de Joseph lui permet de décrocher facilement les emplois auxquels il postule, parce qu'il prétend toujours posséder largement les compétences requises. Mais ses patrons successifs s'aperçoivent vite qu'il a menti comme un arracheur de dents et qu'en plus il n'est pas sérieux et n'a guère de conscience professionnelle. Cette enfilade de déboires persuade Joseph non de s'acheter une conduite mais de se mettre à son compte. Il décide d'ouvrir un magasin de téléviseurs. Grâce au statut de fonctionnaire de son épouse, il obtient un prêt.

Mais comme ça l'ennuie de passer ses journées seul à la boutique, il persuade Magdeleine de lâcher la cornette aux bonnes sœurs et de venir l'aider : elle pourra s'occuper des clients pendant qu'il livrera et installera les récepteurs.

Les affaires ne sont pas aussi mirobolantes qu'espéré. Le couple arrive néanmoins à vivoter. Jusqu'au jour où Joseph, laissant son épouse tenir le commerce, va faire les courses à l'hypermarché du coin. Ayant pris le chéquier de Magdeleine, sans le lui dire, parce qu'il a oublié le sien à la maison, il remplit le chariot sans se soucier de la somme du ticket. Le montant du chèque qu'il rédige et signe en imitant vaguement la signature de sa femme excède le solde du compte de son épouse, de moins de deux cents francs, ce que Joseph ignore, puisque les calculs et lui, ça fait deux. Les comptes du ménage sont domiciliés dans l'agence que dirige le père de Joseph. Le chèque sans provision atterrit sur son bureau. Malveillance ou bêtise crasse ou bien les deux ? On ne le saura jamais, en revanche ce qui est sûr c'est qu'en voyant l'ordre – Casino –, le père Le Gouen s'imagine, à ce qu'il dira plus tard, que sa belle-fille est allée jouer l'argent du jeune ménage à la roulette. Horreur, scandale et putréfaction ! Pour le notable provincial, la salle de jeu est l'antichambre de la débauche, l'annexe du bordel, bref le vestibule de l'enfer. Outré, il inscrit *illico presto* la bru coupable dans le fichier des interdits bancaires, la privant de moyen de paiement pendant un an, la carte bleue n'étant pas encore entrée en usage.

*

* *

Le problème, c'est que le compte de Magdeleine est aussi celui du magasin car Joseph, qui déteste les chiffres (et n'aime pas beaucoup les lettres non plus), a délégué toute la partie comptable et administrative de l'activité à sa moitié. Le temps que l'interdiction soit notifiée à Magdeleine, la banque a rejeté deux chèques de fournisseurs. Ça fait très mauvais genre, l'interdiction bancaire, dans le commerce et auprès des voisins. On vous regarde de travers, on ne veut plus avoir affaire avec vous. Et c'est ce qui arrive à Magdeleine. Joseph, qui craint son père comme la peste bubonique, n'ose avouer que c'est lui le responsable. Sa femme pourrait aller s'expliquer avec son beau-père pour ne plus porter cet encombrant chapeau. C'est mal connaître Magdeleine que de la croire capable de s'exprimer et de se rebeller. Elle se répand en jérémiades à la maison, mais ne pipe mot à l'extérieur.

L'interdiction bancaire et les tracas qui l'accompagnent ne suffisent pas. L'histoire arrive aux oreilles des parents de Magdeleine. Rebelote, horreur, scandale et putréfaction. Magdeleine, que l'opprobre familial fait plonger, ne se défend pas plus qu'avec sa belle-famille et n'explique pas que Joseph est le seul coupable. Ce dernier continue à se murer dans un mutisme lâche.

*
* *

Les affaires n'étaient déjà pas florissantes avant l'incident ; cette fois la rumeur de l'insolvabilité du couple fait rapidement le tour de la petite localité et achève de les ruiner. Joseph et Magdeleine ferment boutique et vendent, mal parce qu'ils sont pressés, la petite maison acquise grâce à un emprunt. L'air breton leur étant devenu irrespirable, ils traversent la France pour s'installer à Lyon. De ce jour, Joseph ne gardera que des relations épisodiques avec les siens, et Magdeleine refusera purement et simplement de les revoir. L'éloignement des deux familles ne sera pas sans conséquences néfastes sur mon destin.

*
* *

À Lyon, Joseph enchaîne les petits boulots. Avec le même insuccès qu'auparavant. Il se fait virer de partout au bout de quelques mois, le temps pour ses employeurs de s'apercevoir qui est celui dont ils ont eu la mauvaise idée de s'encombrer. Pendant ce temps, Magdeleine suit les cours du soir aux beaux-arts mais, à vingt-six ans révolus, elle n'a plus droit au statut étudiant. Ils ont trouvé un petit appartement de vingt mètres carrés dans un bon quartier et c'est, malgré les déconvenues professionnelles, plutôt une époque heureuse dans la vie du couple. Joseph, profitant de la situation géographique de la ville, embarque souvent sa jeune épouse pour des escapades impromptues, en Allemagne, en Autriche ou dans les Alpes.

Magdeleine finit, à vingt-huit ans, par tomber enceinte des œuvres de Joseph. Elle s'en réjouit, quoiqu'elle craigne, à cause de la taille de son mari, de donner le jour à un enfant très grand lui aussi. Pourquoi cette phobie, alors même qu'elle avait été séduite par la stature de Joseph ? Je ne lui ai jamais entendu avancer une explication cohérente sur ce sujet, comme sur beaucoup d'autres il faut bien l'avouer. Hélas !, la nature me privera de frère ou de sœur aîné.

Magdeleine entretient la mélancolie qui s'ensuit avec l'audition à haute dose de chansons sentimentales et devient fan de Bobby Hawk, un artiste d'origine anglaise installé en France, dont les disques figurent souvent en tête du hit-parade. Pendant que les 33 tours de son idole tournent sur l'électrophone, elle peint sans relâche, transformant la table basse en verre en palette sur laquelle elle étale directement ses couleurs. Elle peint des poulbots, autrement dit des stéréotypes d'enfants miséreux et pitoyables, aux visages parsemés de taches de rousseur. Elle envoie les plus réussis à Bobby Hawk, accompagnés de lettres où elle lui témoigne timidement son admiration.

*

* *

Joseph se fait licencier une fois de plus. Alors il peste contre les Lyonnais qui détestent les Bretons et leur rendent la vie impossible. Puisque rien ne retient les jeunes gens ici, ils décident de tenter leur chance ailleurs. Justement, une connaissance leur a parlé d'une petite ville située dans les environs d'Uzès, aux confins des Cévennes, où le Conseil général serait prêt à subventionner toute installation de commerce.

Joseph, qui se vante d'être ingénieur alors qu'il possède un simple brevet de technicien, se met dans l'idée de confectionner des chaînes hi-fi logées dans des coffres en bois. On est en 1978, la vague hippie commence à refluer mais pas partout. En tout cas pas dans ce patelin guère éloigné du Larzac, où des babas cool venus pour la plupart de grandes villes se sont installés, s'improvisant artisans ou paysans bio. Sur les marchés, Magdeleine s'achète des tuniques indiennes et de grandes jupes en coton délavé. Elle adopte le style gitane, en référence à une chanson de Bobby, et se balade le plus souvent pieds nus.

Tandis que Joseph construit ses chaînes, Magdeleine attend le chaland dans le magasin qu'elle a décoré de ses blanches mains, en écoutant les disques de son idole à plein volume. Plus elle les entend, plus elle les aime. Certaines chansons lui paraissent même avoir été écrites spécialement pour elle et racontent son histoire. Surtout *Gitane de mon cœur* et *Noyé dans ton regard*. Dans la devanture du magasin trône un tableau qu'elle a peint, inspiré d'une pochette de disque, représentant le visage de son idole reflété par son piano. Sans s'en rendre compte, Magdeleine est tombée amoureuse de Bobby, comme on s'amourache d'une créature virtuelle, désincarnée et donc idéale, sur laquelle on peut projeter tous ses espoirs, tous ses rêves. Le chanteur occupe ses pensées jour et nuit, elle entretient avec lui un dialogue imaginaire dont elle dicte les phrases à sa convenance, ce qui lui épargne à la fois la contradiction et la désillusion. Joseph n'est pas souvent là, soit occupé dans l'atelier, soit parti sur les routes chez les fournisseurs et les clients, alors Magdeleine n'a que ça à faire : rêvasser à son prince charmant chantant, en peignant sur des cartons d'emballage, faute d'argent pour se payer des toiles.

Elle meurt d'envie d'assister à l'un de ses concerts, de le voir en vrai et même peut-être d'obtenir un autographe. Ce serait le plus beau jour de sa vie, admirer son idole à quelques centimètres d'elle, pouvoir effleurer sa main. Après, s'il pose les yeux sur elle et aime ce qu'il voit, tout sera possible. Tout quoi ? L'imagination de Magdeleine, pourtant fertile, cale à ce stade, préférant nimber la suite de la relation d'un flou romantique, d'un indéfini qui ouvre la porte au possible sans le préciser. Parce qu'aller au-delà serait pécher en pensée, envers le sacrement du mariage et la pureté. Pas tout à fait aussi grave que pécher en acte, mais pas loin. La romance fantasmatique reste donc platonique.

Heureusement, Magdeleine a d'autres joies. Elle continue à peindre et délaisse les poulbots pour se lancer dans un tableau grand format, un portrait de Bobby Hawk d'après ses pochettes de disques. Elle y passe des semaines, retouchant amoureusement le coin de l'œil, un reflet sur le piano, le pli de la chemise blanche.

*

* *

Au printemps 1980, Magdeleine entend à la radio que le chanteur va donner un concert gratuit à Bordeaux début juillet. C'est le signe qu'elle attendait. Le grand moment est enfin arrivé, l'heure de la rencontre a sonné. Il faut qu'elle assiste à ce spectacle, dusse-t-elle y aller sur les genoux. Jour et nuit, elle rebat les oreilles de son mari avec l'occasion formidable que ce show représente. Joseph finit par se laisser convaincre. Après tout, ses compétences en électronique hi-fi pourraient intéresser quelqu'un comme Bobby Hawk.

Au jour dit, le couple prend la route dès l'aube, afin d'être sur place assez tôt pour décrocher des places devant la scène. Magdeleine craint plus que tout de se retrouver reléguée trop loin pour avoir la moindre chance d'attirer l'attention de son dieu chantant. Le récit des événements qui suivent, je l'ai entendu mille fois de la bouche de ma mère, raconté comme une légende merveilleuse, ressassé comme un mantra, et à chaque édition paré d'une ornementation supplémentaire. C'est ainsi que je vais m'efforcer de le rapporter.

Après des heures d'attente, Bobby Hawk fait son entrée, auréolé de lumière par les feux des projecteurs. Son apparition plonge Magdeleine dans une transe extatique. Enfin voici celui qui hante ses rêves en chair et en os ! Elle s'est placée sur le côté de la scène, dans l'axe du piano auquel le chanteur va s'installer après avoir salué son public. L'orchestre attaque l'introduction de *Noyé dans ton regard,* l'un des plus grands succès de Bobby. Chaque note, chaque mot atteignent Magdeleine en plein cœur. Ce soir, c'est pour elle qu'il chante, elle le sent, elle le sait. Elle ondule doucement au rythme de la ballade, les bras levés, offerte, vibrante, ses yeux bleus dardés sur son idole. Ça y est, Bobby la voit, mieux il la remarque.

Pendant tout le spectacle, il ne la quitte pas du regard. Ce qu'elle espérait s'est produit : la star a succombé à la groupie.

*
* *

Après le spectacle, Magdeleine la timide fend la foule, avec l'aide de Joseph et de son culot, passe le service d'ordre et parvient jusqu'aux coulisses. Bobby Hawk fait signe au vigile qui garde l'entrée de sa loge de laisser entrer la jeune femme et son compagnon. Magdeleine se présente en disant que c'est elle qui lui envoie des portraits de poulbots. Elle les peint spécialement pour Bobby, qui est le plus grand artiste du monde, le chanteur ultime, définitif. Mais oui, bien sûr, il se souvient, quels charmants tableaux, il les a beaucoup appréciés. Alors que Bobby drague outrageusement son épouse, Joseph, pas jaloux, essaie de se placer. Il est ingénieur du son, hyperqualifié, nul doute qu'il pourrait être d'une grande utilité à un musicien de l'envergure de Monsieur Hawk. Bobby, sans quitter Magdeleine des yeux, répond qu'effectivement il projette de monter un home studio dans sa maison près de Barbizon, afin de pouvoir enregistrer ses maquettes ainsi que les claviers de ses albums. Si Joseph est intéressé, qu'il vienne – avec sa charmante épouse bien sûr – le voir. Quand ça ? Eh bien, pourquoi pas demain ?

*
* *

Le jeune couple ne se le fait pas dire deux fois. Ils retournent au magasin dormir quelques heures, puis prennent la route, direction de Barbizon. Il serait plus exact de dire que Joseph dort quelques heures, parce que Magdeleine, électrisée par la rencontre avec l'idole descendue de scène et faite chair, ne ferme pas l'œil. À quoi bon dormir quand on vient de vivre, tout éveillée, le rêve de sa vie ? Elle sent encore sur son épaule la pression du bras de Bobby, sur sa joue le frôlement de ses longs cheveux blonds quand il lui a fait la bise, au moment de l'au revoir. Demain, ou plutôt dans quelques heures, elle rejoindra celui qu'elle ne peut s'empêcher de nommer intérieurement, tout en rougissant dans l'obscurité complice, son amour.

Le couple arrive aux environs de Barbizon en fin d'après-midi. Sur la banquette arrière de la voiture, un gros pot en terre vernissée, sur lequel Magdeleine a peint un piano. En émerge une petite forêt de tiges de muguet surmontées de clochettes blanches, cueillies par la jeune femme le matin même dans les bois. En cette journée de 1er Mai, Magdeleine a tenu à apporter à Bobby le porte-bonheur rituel. Joseph sonne au portail de la propriété, le gardien vient lui ouvrir et il engage la voiture sur l'allée qui mène à la maison, une grosse bâtisse de style anglo-normand coiffée d'un épais chapeau de chaume.

Magdeleine, le pot de muguet dans les bras, sent une sueur glacée humecter ses paumes tandis qu'ils attendent devant la porte close. Sa vie va peut-être basculer dans les prochaines secondes. Bobby les a invités à venir, certes, mais n'est-ce pas une phrase qu'il a lancée en l'air pour se débarrasser d'eux ? S'attend-il vraiment à les voir débarquer ?

Une grosse femme aux cheveux gris les accueille. Elle leur sourit avec gentillesse et leur dit, d'une voix teintée d'un accent anglais qui escamote les r :

— Vous devez être Magdeleine et Joseph ? Entrez, entrez. Mon fils m'a prévenue de votre arrivée, suivez-moi, il est dans le salon. Je m'appelle Doris.

Magdeleine recommence à respirer librement. Elle n'a pas été le jouet d'une hallucination hier soir, son idole l'attend pour de bon.

Bobby se montre très aimable, très simple ; il fait visiter la propriété au jeune couple, avec un arrêt prolongé dans la dépendance – une ancienne écurie – qu'il désire aménager en studio. Puis il leur propose de loger dans l'une des chambres de la maison pendant le temps du chantier, ce sera plus pratique pour Joseph d'être à pied d'œuvre. Quant à Magdeleine, puisqu'elle a étudié aux beaux-arts elle pourra s'occuper de la décoration du local ; Bobby apprécie l'originalité de ses œuvres et compte sur elle pour faire de son studio un endroit unique. Elle n'en croit pas ses oreilles : elle va vivre sous le même toit que la star, presque avec elle. Même dans ses rêves les plus fous, elle n'osait pas en espérer tant !

Au dîner, les nouveaux venus font la connaissance de Lucy, la sœur de Bobby, et de Khalifa, une beurette de vingt ans qui partage la vie du chanteur depuis quelques mois. Magdeleine, tout à la joie d'être admise dans l'intimité de son idole, ne prend pas ombrage de la présence d'une autre femme qu'elle pourrait percevoir comme un obstacle placé entre elle et l'objet de son adoration. Elle est mariée, Bobby vit en concubinage ; cette symétrie de situation et la distance sociale entre les deux couples permettent à chacun de trouver sa place et d'y rester. Elle se conduit donc envers Khalifa avec la même amabilité serviable dont elle use à l'égard de Doris et Lucy, avec lesquelles elle s'entend à merveille. Sa bonne éducation lui permet de trouver une place dans la famille. On la complimente, on l'admire, on la compare même à une célèbre actrice aux yeux bleus à laquelle elle ressemble de façon frappante, paraît-il.

Quant à Joseph, ébloui jusqu'à l'étourdissement par la célébrité de son nouvel employeur et logeur, il n'en peut plus. Il bombe le torse chaque fois que Bobby lui adresse la parole, s'attribue des mérites et des compétences imaginaires et joue l'indispensable. Il y met assez de flagornerie pour que le chanteur, peu regardant sur la sincérité de ses admirateurs, le traite bientôt non pas comme son bras droit, rôle tenu depuis longtemps par son manager, mais comme son bras gauche, dévolu à des tâches moins cruciales. Joseph s'en accommode fort bien car cela lui évite d'avoir trop de travail et trop de pression, toutes choses que son tempérament nonchalant lui fait fuir.

*
* *

Au fil des jours, Bobby se montre avec Magdeleine volontiers familier, voire possessif. La jeune femme accueille son comportement avec une parfaite docilité. Joseph, lui, ne semble pas s'en soucier. Seule Khalifa se met à le considérer d'un œil sombre.

Alors que ses récits sur la vie dans la maison de Barbizon fourmillent de détails, ma mère ne s'est jamais montrée très prolixe sur le début de sa liaison avec Bobby. Elle se contente souvent d'allusions et de demi-mots. Du peu que je sais, je déduis que Bobby trouve des prétextes pour envoyer Joseph sur les routes et Khalifa en shopping afin de se ménager des moments d'intimité avec Magdeleine. D'après ce qu'elle m'en dit, Bobby est absolument fou d'elle et lui répète à l'envi qu'il n'a jamais connu de femme qui fasse aussi bien l'amour. Il m'a fallu bien des années avant d'oser penser qu'elle avait peut-être pris pour une déclaration passionnée ce qui n'était que l'expression de la gratitude des sens assouvis ou d'une courtoisie post-coïtale.

Les amants prennent cependant soin de garder secrets leurs ébats. Néanmoins, quand Khalifa tombe enceinte, elle devient carrément hargneuse à l'encontre de Magdeleine et Joseph, ne perdant aucune occasion de les critiquer devant Bobby : « Je ne sais pas si c'est l'excès de patchouli ou le manque de savon, mais cette pauvre Magdeleine pue, tu ne trouves pas ? » ; « Tu devrais payer Joseph à la tâche, pas au temps passé. Peut-être qu'il se remuerait un peu plus... » Et autres gracieusetés...

Khalifa se doute-t-elle que les relations entre Bobby et Magdeleine n'ont rien de platonique ? Probablement. Mais sa situation reste fragile, à la merci d'un caprice de la star, tant qu'elle n'aura pas réussi à se faire passer la bague au doigt. Elle donne naissance, le 15 mai 1982, à une petite fille. Bobby, qui avait accueilli l'annonce de la grossesse sans enthousiasme, se laisse attendrir par le bébé. Du coup, il consent à reconnaître la petite Melinda et à épouser Khalifa.

*

* *

Alors que la compagne de Bobby accouche, un autre bébé se prépare à venir au monde, moi. Magdeleine s'est aperçue de sa grossesse cinq mois après que Khalifa a annoncé la sienne. Sa version de la conception se déroule dans les coulisses d'un music-hall où Bobby prépare un spectacle. Joseph prend en charge le réglage du son, Magdeleine s'occupe des décors. Pendant que son mari est absorbé par l'installation des enceintes de location, la jeune femme se laisse entraîner dans la loge du chanteur. Il paraît que je fus conçue ce jour-là, mais ça, je ne l'apprendrai que dix-huit ans plus tard.

La compagne de Bobby en profite pour suggérer que le moment est venu pour Joseph et Magdeleine de déménager, car deux bébés dans la maison, cela risque d'être bien bruyant et de déranger le travail créatif de l'artiste. Et puis, maintenant qu'ils ont fondé une famille, il serait grand temps que les Le Gouen dégagent. Cela fait assez longtemps comme ça qu'ils profitent de l'hospitalité de Bobby. Le chanteur ne la contredit pas, ne prend pas la défense de Joseph et Madeleine, ne fait rien pour les garder chez lui. Une cassure lézarde l'idylle.

*

* *

Joseph trouve un terrain pas très loin de la propriété, à côté du village d'Arbonne-la-Forêt, à un prix défiant toute concurrence. Forcément, car il n'est pas constructible et situé assez près de la voie ferrée pour que l'on entende distinctement chaque train qui passe. Mais les moyens des futurs parents ne leur permettent pas d'aligner la somme nécessaire à la fois à l'achat d'une parcelle et à la construction d'une maison.

Bobby paie mal, qui plus est en se faisant tirer l'oreille. Il veut continuer à maintenir le même train de vie qu'à l'époque de ses tubes, quinze ans plus tôt, alors que les ventes de ses disques ont considérablement baissé. Son dernier album ayant fait un semi-flop, la maison de production ne lui a pas encore signé de contrat pour le prochain.

Qu'à cela ne tienne, Joseph et Magdeleine construiront la maison de leurs mains. Ils n'y connaissent pas grand-chose ? Allons donc, pas besoin d'avoir fait Polytechnique pour édifier quatre murs et un toit ! Dans un premier temps, ils se contentent de monter une maisonnette préfabriquée, pourvue d'un confort très sommaire. Un pompier pyromane l'incendie avant que les futurs parents n'aient le temps d'y emménager. C'est le genre de catastrophe qui n'arrive qu'à eux ! En quatrième vitesse car ma naissance devient imminente, Joseph installe sur le terrain une sorte de cabane d'environ dix mètres carrés, plus faite pour héberger du matériel de jardinage qu'un nouveau-né. Jusqu'à la veille de ma naissance, Joseph et Magdeleine habitent encore sous le toit du chanteur. Je viens au monde le 9 septembre 1982.

*

* *

De son enfantement ma mère fait un récit qui n'a pas grand-chose à envier à celui de la

Nativité dans les Évangiles. Il ne manque que le bœuf et l'âne. Elle n'évoque pas la douleur des contractions ni l'effort de la poussée, seulement l'émerveillement incrédule devant sa création qu'elle ne se lasse pas d'admirer. Je suis le plus beau bébé du monde, ce qui est affreusement banal, et elle ressent une joie sans pareille à me tenir dans ses bras. Mon destin sera celui d'une princesse, elle se le jure, et elle fera tout pour me combler. Bien sûr, elle m'allaite.

Joseph accueille ma naissance avec la même joie. Le soir même, il se rend à la cathédrale et allume un cierge pour remercier le Ciel de ce grand bonheur. Se doute-t-il que l'enfant n'est pas de lui ? Le comportement qu'il aura à mon égard par la suite n'exclut pas cette possibilité, mais ne la confirme pas non plus.

Chapitre 3

LA CHUTE

Trois mois après ma naissance, Khalifa plante Bobby et la petite Melinda pour suivre un autre chanteur, mieux placé au hit-parade.

Pendant presque quatre ans, Joseph continue de bricoler pour Bobby. De temps en temps, je vais jouer avec Melinda et nous passons nos vacances dans la maison de Cannes du chanteur.

Ma mère continue à me donner le sein jusqu'à ce que j'atteigne l'âge de deux ans, une pratique fréquente au siècle précédent, avant l'invention du lait maternisé et des petits pots pour bébé. Elle s'occupe beaucoup de moi et refuse de m'envoyer à la maternelle, arguant que je suis encore trop petite. Ma seule amie, ou plutôt la seule enfant que je fréquente, est donc Melinda. Mais, ceci mis à part, ma petite enfance est tout ce qu'il y a de normale et je me sens parfaitement heureuse.

*
* *

Si je sais beaucoup de choses aujourd'hui par ce que m'ont raconté Maman et Joseph, mes premiers souvenirs, particulièrement précoces à ce qu'on me dit, remontent à peu près à l'âge de deux ans. Il ne s'agit pas de séquences, plutôt de sortes d'instantanés un peu flous.

Je me souviens du jardin d'Arbonne-la-Forêt, au temps où il était planté de gazon et de fleurs, des bois l'entourant, des animaux – poules japonaises, canards... – et de la maison en dur que Joseph y avait bâti, avant qu'elle ne se lézarde et ne fuie par tous les bouts.

Je me souviens de ma mère aux grands yeux de biche fardés de khôl, belle et gaie, qui me serre contre elle et me mange de baisers.

Je me souviens de Joseph, qui part souvent et revient avec des jouets pour moi plein les bras.

*
* *

Je ne me souviens en revanche presque pas de Bobby. Sauf certains soirs, dans la maison d'Arbonne-la-Forêt, en l'absence de Joseph qu'il envoie sur les routes, en avant-garde quand il donne un spectacle en province ou en prospection pour acheter le matériel nécessaire à l'installation d'une station de radio libre, la dernière lubie du chanteur. Je suis couchée dans mon berceau, un bruit me réveille, je me mets à pleurer. Ma mère vient me rassurer : « N'aie pas peur, c'est juste Bobby. Rendors-toi, mon petit cœur, je suis là. » Plus tard, j'entends de la musique. En général des chansons de notre visiteur nocturne.

Mais une nuit, un seul disque passe et repasse, des heures durant : *Avec le temps* de Léo Ferré. À travers l'aquarium qui délimite le coin salon, je distingue ma mère blottie dans les bras de son idole. Des larmes coulent doucement sur son visage. Pleure-t-elle de bonheur ou de tristesse ? Je n'en sais rien, toujours est-il que c'est la dernière fois que je vois Bobby dans notre maison. Il semble que cette soirée mette un point final à la liaison entre Magdeleine et son idole.

À partir de ce moment, elle évitera de retourner dans la propriété de Barbizon et n'aura plus que des contacts épisodiques avec son ex-amant. Mais elle conserve sa passion pour lui et pour ses chansons, qui bercent mon enfance.

*

* *

Les récits que ma mère fait de cette période la décrivent comme une sorte d'âge d'or, et c'est également ainsi que je me la remémore. La vie est belle, même s'il n'y a pas beaucoup d'argent dans la famille. Nous vivons dans une maison joliment décorée et bien entretenue par ma mère, entourée d'un jardin fleuri. Je me nourris sans problème, c'est-à-dire que je mange lorsque la faim le commande, en quantité suffisante les petits plats cuisinés par Maman. Sans être spécialement gourmande, j'aime la purée, les coquillettes et le steak haché, le poisson pané, bref des goûts de mon âge. D'ailleurs, sur les photos on voit mes bonnes joues et mon sourire d'enfant bien dans sa peau.

*

* *

Tout se déroule bien jusqu'aux vacances de printemps précédant mon quatrième anniversaire, en février 1986. Nous les passons comme d'habitude dans la maison de Bobby, descendu sur la Côte d'Azur pour le Midem.

Cette année, il y a des invités, un couple d'amis du chanteur dont l'épouse entretient, à son tour, une liaison avec son hôte. Seul le mari ne semble pas s'en apercevoir. Nous allons quitter Cannes pour remonter à Arbonne-la-Forêt, dans la voiture de Bobby chargée de claviers électroniques très coûteux, qu'il a achetés dans la région.

Avant de partir, mes parents décident de faire un dernier saut à la plage pour une ultime baignade. Le temps de faire trempette et de se sécher au soleil, des cambrioleurs fracturent le hayon et les portières arrière du véhicule et emportent le matériel musical, ainsi que nos bagages et mes jouets. Ce vol va avoir des conséquences dramatiques pour moi. Car, en dépit des recommandations répétées de Bobby, Joseph a négligé de poser une alarme pour protéger le contenu de son véhicule. Si bien que le chanteur entre dans une colère noire lorsqu'il apprend que ses instruments ont disparu. « On n'a pas idée d'aller traîner sur la plage avec du matériel plein la voiture ! » Furieux, il traite Joseph de tous les noms et lui assène qu'il ne veut plus jamais le voir et que Magdeleine et lui n'ont plus rien à faire ici.

*

* *

Le retour vers Paris est morne, ma mère se renferme dans un silence sombre, seulement entrecoupé par des salves de reproches et d'injures à l'adresse de son mari. Elle est assise sur la banquette arrière et me tient serrée contre elle. Je sens sa poitrine hoqueter sous les sanglots et ses larmes couler sur mon front. Des embouteillages ralentissent la traversée du tunnel de Fourvière à Lyon, puis la voiture se met à chauffer. Au péage, une fumée âcre bientôt suivie de flammes se propage du moteur à l'habitacle. Je me mets à hurler de terreur. Joseph jaillit du véhicule comme un diable de sa boîte et se précipite vers l'arrière pour m'extraire. Mais la portière ne s'ouvre pas. Ma mère pousse des cris déchirants en voyant le feu nous menacer. La serrure ayant été endommagée lors du vol, il faut quelques dizaines de secondes pour que Joseph parvienne à débloquer la portière. Mon doudou, un lapin en peluche seul rescapé du vol, reste dans l'habitacle. Un automobiliste accourt avec un extincteur qui permet d'éteindre l'incendie avant qu'il ne dévore mon lapin. Il faut plusieurs heures avant que je ne me calme et cesse de pleurer. Nous repartons en train vers Paris. Pendant longtemps, les flammes lyonnaises hanteront mes cauchemars.

*

* *

De ce jour, ma vie bascule. Ma mère sombre dans une dépression sans fond. Joseph, rendu à la précarité due à son manque de sérieux dans le travail, doit chercher un emploi. Tels Adam et Ève chassés du Paradis, ils vont devoir gagner leur pain à la sueur de leur front et renouer avec les duretés de la réalité bassement matérielle. Finie l'existence relativement insouciante, éclaboussée par les éclats de la gloire de Bobby. Voici venu le temps de l'obscurité et de la douleur, de la solitude et de l'enfermement.

Les voyages ponctuels de Joseph se transforment en absentéisme chronique. Il monte des émetteurs radio dans toute la France et ne revient que le week-end, parfois seulement tous les quinze jours. Maman ne veut plus sortir, même pour aller faire les courses, elle passe son temps à pleurer, ne se maquille presque plus et s'habille n'importe comment. « Je ne vis plus que pour toi, tu es tout ce qui me reste, ma seule raison de vivre », me répète-t-elle sans cesse.

C'est une débandade complète. La maison, autrefois si soignée, devient un foutoir intégral ; à peine si elle passe, de loin en loin, un coup d'aspirateur entre deux piles de vêtements ou d'objets. Devenue incapable de trier et de jeter à la poubelle, elle garde toutes sortes de vieilleries inutiles. La poussière, le désordre s'installent à domicile, matérialisant le chaos intime qui nous engloutit.

*
* *

Car moi aussi je suis submergée par la tristesse et la souffrance de ma mère. Je ne comprends pas ce qui arrive, je ne sais pas pourquoi notre vie a si brutalement changé. Pourquoi Maman pleure-t-elle constamment ? Ai-je fait quelque chose de mal ? Mes questions demeurent sans réponses, parce que je n'ose pas les poser à Maman de peur de lui causer du chagrin, et parce que je n'ai personne d'autre à qui parler. Car je ne sors plus qu'exceptionnellement de la maison.

Je dois rester confinée à l'intérieur depuis que Maman a entendu à la télévision – du moins c'est ce qu'elle prétexte – que « le grand air favorise la croissance des enfants ». Et la dernière chose que Maman désire, c'est que je grandisse. Elle voudrait que je reste une toute petite fille, comme à l'époque où elle était une jeune femme heureuse. De même, elle bannit de son environnement les montres, les horloges, les réveils, bref tout ce qui marque la fuite du temps.

Beaucoup de mères disent, en constatant que leur bébé devient un petit garçon ou une petite fille autonome, avec un soupir de nostalgie : « Ah, les enfants poussent trop vite ! Ils sont tellement mignons quand ils sont petits. » Certaines avouent préférer les nourrissons. Mais toutes se résignent, plus ou moins facilement, à voir grandir et se détacher d'elles le fruit de leurs entrailles. Pas Maman, pour mon plus grand malheur.

*
* *

La dernière fois qu'elle m'a emmenée chez le pédiatre, avant le vol du matériel de Bobby, il a reporté mon poids et ma taille sur le carnet de santé en les assortissant d'un commentaire souriant qui arrache une grimace à Maman : « Elle sera grande, cette petite, elle tient de son papa. »

Maman me mesure souvent, adossée au chambranle de la porte de la cuisine. Là, elle fait un petit trait de crayon au-dessus de la marque précédente en soupirant immanquablement : « Ah là là, tu as encore pris un centimètre ! » comme si c'était une catastrophe. J'essaie de plier discrètement les genoux pour minimiser, si ce n'est annuler, ma croissance.

Le soir, nous faisons la prière ensemble. Après le *Je vous salue Marie*, elle ajoute : « Je vous en prie, Sainte Vierge, faites que ma fille reste petite. » Puis elle insiste pour que je reprenne son vœu à mon compte : « Demande au petit Jésus qu'il te garde une petite fille toute petite, comme avant. » Amen...

Pourquoi est-ce que c'est mal de grandir ? Maman ne l'explique pas, je n'ose pas poser la question.

*
* *

Maman recourt aux catalogues de vente par correspondance pour l'habillement et même parfois pour l'alimentation, si Joseph tarde à revenir. Sinon, c'est lui qui s'en charge, le samedi après-midi car nous restons enfermées dans la maison toute la semaine. Moi surtout, car Maman fait quelques incursions dans le jardin pour nourrir les poules. Il s'agit d'une race spéciale de gallinacés d'origine japonaise qui produit des animaux de taille réduite, les mêmes que ceux que Bobby élevait dans un coin du parc pour le plaisir des yeux. Les vêtements qu'elle me commande sont trop petits, elle achète du quatre ans quand j'en ai six. Pour les chaussures aussi, il manque une ou deux pointures. Si bien que pendant longtemps, je crois qu'il est normal d'avoir mal aux pieds quand on met des souliers.

*
* *

En général, Joseph réintègre le domicile familial tard le vendredi soir. Après avoir fait la grasse matinée, il va chercher le pain à la boulangerie du village. Parfois il me demande si je veux l'accompagner. Mais je n'ose accepter car je crains de désobéir à Maman, de la mécontenter et de la faire pleurer. Donc je réponds : « Non, je préfère rester à la maison. »

Avant et après l'expédition à l'hypermarché voisin, celui que je nomme encore Papa regarde la télévision. Il a beaucoup travaillé pendant la semaine, alors j'ai intérêt à me tenir tranquille. Sinon, il se met à gueuler contre moi et contre Maman qui n'est pas foutue de m'empêcher de faire du bruit. Il s'échine pour gagner de quoi nous faire vivre, le minimum serait que nous le laissions se reposer, tempête-t-il. Si le poulet a refroidi ou si les patates ne sont pas assez cuites, même tour de chant, avec un refrain différent, au seul bénéfice de Maman. Parfois, si Maman lui répond ou si je répète un gros mot entendu à la télé, il envoie valdinguer la table sans se soucier de ce qui s'y trouve et qui s'écrase sur le sol dans un fracas de vaisselle brisée.

Joseph gueule pour un oui ou pour non, à tout bout de champ. On devrait mettre sa photo pour illustrer l'expression « mal embouché » dans le dictionnaire.

Mais quand je le vois préparer son sac pour repartir, le lundi matin, en râlant que Maman a mal repassé sa chemise rayée, le désespoir me gagne. Tout colérique et peu affectueux qu'il soit, je redoute son départ qui va me laisser en tête-à-tête avec Maman. Au point que le seul mot de lundi me donne la nausée. Avec l'aide de Maman, je le rebaptise « Monday », afin d'avoir moins de haut-le-cœur quand je le prononce.

Je n'ose pas dire à Papa que ma mère pleure sans cesse et qu'elle interdit que j'aille jouer dehors. J'aime Maman, je ne veux pas fournir à Joseph un motif de s'en prendre à elle. Et puis elle sait ce qui est le mieux pour moi, même si je trouve horrible de vivre ainsi, il doit y avoir de bonnes raisons pour qu'elle me tienne enfermée.

*

* *

Ce que je peux m'ennuyer ! Pourtant des jouets, j'en ai, des tonnes et des wagons. Surtout des poupées et des peluches. Des poupées classiques, aux bonnes joues roses, en barboteuse ou en grenouillère. Pas de Barbie roulée comme une pin-up et vêtue comme un mannequin, car Maman dit que c'est vulgaire. Pourtant Bobby m'en a offert une que j'aime bien. Il n'est pas question de m'envoyer à l'école, parce que je vais apprendre le violon car c'est un instrument qu'on doit commencer très jeune. Plus tard, grâce à cela je passerai à la télé, c'est Maman qui me le promet.

En attendant, Jean-Marc vient tous les mardis, de 11 à 12 heures, me donner un cours de violon. On m'a acheté un instrument pour enfant, à la taille de mes quatre ans. Mon professeur n'est pas très compétent ni bien exigeant. Il faut des mois pour que je parvienne à tirer de mon mini-violon un son qui n'évoque pas un chat qu'on ébouillante.

Papa a trouvé les coordonnées de Jean-Marc sur un journal gratuit, mis à disposition des clients dans un présentoir posé sur la caisse de la boulangerie d'Arbonne-la-Forêt. En vérité il n'est pas professeur de violon mais éducateur spécialisé dans l'initiation musicale des tout-petits. Avec lui, pas de corde de *sol* ou de *la*, une corde du ciel et une corde de la terre. Ni solfège ni partition, remplacée par des petits dessins sur la portée. Il me montre comment jouer un court morceau et j'imite ses gestes. C'est plus de la pantomime qu'autre chose. Mais peu importe, car c'est la grande et le plus souvent la seule distraction de ma semaine. Sauf quand la dame des *3 Suisses* vient livrer la commande de Maman. Sa visite illumine ma journée, mais ça n'arrive que trois ou quatre fois par an.

*
* *

Comme Maman a été institutrice, elle a décidé de me faire l'école à la maison.

— On est bien mieux à la maison, mon petit poussin. L'école, ce n'est pas drôle tu sais. Tu as vraiment de la chance de ne pas y aller, hein, tu es contente de rester avec Maman ?

— Oui, Maman.

Qu'est-ce que je peux dire d'autre à une femme qui souffre et que j'aime tant ? Je ne vais pas lui enlever le peu de bonheur qui lui reste. Même si je répondais non, je ne crois pas que cela changerait quoi que ce soit. Elle pleurerait puis elle m'expliquerait qu'elle sait ce qui est bien pour moi, elle est ma Maman et elle m'aime tellement.

Moi aussi je l'aime, de toutes mes forces, et je ne veux qu'une chose, c'est qu'elle retrouve son sourire envolé.

Chapitre 4

PETITES MORTS TUES

Joseph construit dans le jardin une petite maisonnette en bois, destinée à imiter la grande où nous vivons. Il y installe une partie de mes jouets, une petite cuisine et une table miniature afin que je puisse jouer à la dînette. C'est la surprise de mon quatrième anniversaire. Maman ne m'autorise que rarement à franchir les vingt ou trente mètres de terrain qui la séparent de la maison. Quand j'en obtiens le droit, il faut qu'il fasse beau et que je me couvre les trois quarts du visage avec une écharpe, puis deux ou trois. Elle m'en mettra jusqu'à cinq. Seuls mes yeux surnagent au-dessus du tricot qui chatouille mes narines. C'est à peine si je peux respirer, la figure enturbannée ainsi. Mais je ne dis rien car je crois que c'est normal.

*

* *

Une ou deux fois par an à partir du moment où j'atteins huit ans, en général pour les courses de Noël, Maman m'autorise à l'accompagner à l'hypermarché. Les gens qui nous croisent sur le parking se retournent sur mon passage. Parfois l'un d'eux se risque à demander pourquoi je porte des écharpes autour de la tête, et non du cou comme il est d'usage. Maman rétorque, d'un ton qui n'incite pas à continuer la conversation, que j'ai un gros rhume.

Les regards et les commentaires escortant mon passage commencent à me faire comprendre que quelque chose cloche. Pourquoi mon nez et ma bouche doivent-ils être obturés et cachés ? Je finis par penser que je suis anormale. Ce qui expliquerait également pourquoi Maman ne veut pas m'envoyer à l'école.

*

* *

À part Jean-Marc, mon prof de violon, la dame des *3 Suisses* et un collègue de Papa qui vient de temps en temps grignoter un bout entre deux rendez-vous, personne ne pousse la porte de chez nous. Sauf ma grand-tante, une ou deux fois l'an. Elle m'apporte des bonbons et donne de l'argent à Maman. Nous ne partons plus en vacances depuis la brouille avec Bobby. Nous ne voyons la famille – du côté de Maman seulement – qu'à Noël, où nous nous rendons en Bretagne chez mes grands-parents.

Chaque fois qu'on arrive là-bas, ma grand-mère s'exclame en me voyant : « Comme tu as grandi ! » Maman bougonne : « Mais non, mais non. »

Je ne suis pas habituée à voir du monde et même en famille je me montre timide. Je reste dans mon coin en attendant qu'on m'adresse la parole. Ce qui n'arrive pas souvent car mes deux cousins, les fils de l'oncle Louis, ne me parlent pas et les grandes personnes discutent entre elles. Seule Jacotte s'occupe parfois de moi, quand elle n'est pas trop déprimée. Elle seule semble se douter de quelque chose car elle m'interroge sur ma vie, l'école et mes camarades. Maman m'a préparé des mensonges détaillés, avec même le nom de mon institutrice et les prénoms de mes copines imaginaires, que je débite consciencieusement. « Jacotte est trop curieuse », me dit-elle pour justifier ces fables.

Papy est très malade ; j'ai entendu Mamie dire que le cancer progresse. Ce ne sont pas des Noëls bien gais, mais c'est pratiquement ma seule escapade hors de la maison. Rien que parce que je ne passe plus mes jours et mes nuits en tête à tête avec Maman, je suis contente. J'aimerais que la route soit encore plus longue, pour traverser plus de villages et de villes illuminés à l'occasion de Noël.

*

* *

À Arbonne-la-Forêt, il arrive souvent à Maman de venir dormir avec moi dans ma chambre, sur des coussins posés par terre près de la banquette en rotin qui me sert de lit. Même quand son mari est à la maison. De toute façon, il s'en fiche.

Maman a tout le temps peur que j'attrape froid. Je n'ai pas le droit d'aller me laver dans la salle de bains, elle dit que la fenêtre ferme mal et qu'il y a des courants d'air. Même en plein été et par trente degrés à l'ombre, rien à faire : elle me lave dans une baignoire en plastique de bébé posée au milieu du salon. Pour rincer ma tête après le shampooing, elle utilise de l'eau minérale en bouteille, prétendant que celle du robinet est trop calcaire, ternit les cheveux et abîme les yeux. Pour qui, pour quoi veut-elle que mes cheveux brillent ?

Les toilettes étant situées dans la salle de bains, je n'y ai donc pas accès non plus. Il me faut utiliser un pot de chambre de bébé pour mes besoins.

Le soir, elle met une couche sous mon pyjama. Pourtant je suis grande maintenant, j'ai bientôt sept ans et cela fait longtemps que je ne la mouille plus. Mais on ne sait jamais, dit Maman, comme ça, on est tranquille.

*
* *

Aux poules naines qui se sont reproduites en nombre viennent s'ajouter des petits chats qui eux aussi proliféreront. Je les vois jouer dehors, mais je n'ai pas le droit d'aller les rejoindre. Parfois Maman en ramène un à l'intérieur de la maison et c'est une fête pour moi d'avoir un compagnon de jeux. Mais très vite je suis privée de cette joie car les chatons tombent malades : ils attrapent le coryza ou le sida des chats, je n'ai donc plus le droit de les approcher tant leurs yeux coulent. Cette multitude d'animaux sert de prétexte pour que nous ne puissions jamais partir en vacances. Qui s'en occuperait ?

Maman n'arrête pas de demander à Papa de les emmener chez le vétérinaire. Ils en ont de la chance, les petits chats, d'être assez malades pour pouvoir sortir. Moi je n'ai pas vu de médecin depuis avant mes quatre ans. Quand je tousse ou que mon nez coule, c'est Maman qui me soigne avec des médicaments achetés à la pharmacie du village. Seule, bien sûr.

Quand Papa revient de chez le vétérinaire, je demande à Maman comment vont les petits malades. Invariablement elle m'assure, le visage ruisselant de larmes, qu'ils seront bientôt guéris. Puis, à plusieurs reprises, je surprends des conversations entre elle et Papa où il est question de chats morts.

*

* *

Puisque je n'ai plus le droit de jouer avec eux, je me trouve d'autres camarades : mes poupées.

Je préfère les plus grandes, celles qui ont pratiquement la taille d'un enfant. C'est mieux pour faire semblant. Je les assieds par paires comme si nous étions en classe, ou bien je les aligne sur le canapé et leur parle, ou bien je leur fais faire des tours et des détours dans le salon en prétendant que nous sommes en train de nous promener en ville.

Je les bats aussi. Pas seulement quand elles n'ont pas été sages. Je les frappe devant Maman, pour qu'elle voie comment il faut traiter les méchantes petites filles. Je voudrais bien qu'elle me batte, elle aussi, qu'elle me donne des fessées, des coups de martinet, de ceinture, parce que peut-être alors elle arrêterait de pleurer et d'être triste.

Quand parfois il lui arrive de me gifler parce que je l'injurie, deux secondes après elle me serre dans ses bras à m'étouffer et me couvre de baisers. Je préférerais qu'elle se mette en colère, qu'elle crie après moi, au lieu de me serrer contre elle en sanglotant. Je pense mériter qu'elle me batte, puisqu'elle est obligée de me tenir enfermée. Les rares fois où elle m'autorise à sortir, elle se plaint toujours que je suis plus dure après. Je ne m'en rends pas compte, mais elle doit avoir raison. Elle me répète souvent que c'est à cause de moi si nous ne sortons jamais. « À Cannes tu me faisais honte à pleurer et à crier le soir, parce que tu ne voulais pas aller te coucher. »

Moi je ne pleure jamais. Je veux dire jamais devant Maman : ce serait affreux pour elle, avec tous les efforts qu'elle fait pour que je sois heureuse, si je lui montrais combien je souffre. J'attends donc qu'elle s'endorme pour laisser couler mes larmes dans le noir. Quand j'ai vraiment trop mal, quand la douleur et l'angoisse deviennent insupportables, je mets des gouttes d'eau dans les yeux de mes poupées, encore et encore. Je les fais pleurer à ma place, pour que Maman comprenne en douceur mon mal-être. Mais elle regarde mon manège d'un œil vide. Je recommence des dizaines de fois ; rien à faire, elle ne percute pas.

*
* *

Joseph n'est pas souvent là, alors Maman n'a que moi à qui parler. Au point que j'ai parfois l'impression d'être une grande oreille faite d'éponge. Aucune amie ne vient la voir, et elle ne va que rarement au village ou à l'épicerie. Elle n'a pas de voiture, seulement un vélo, pour aller jusqu'au village distant de 5 kilomètres. Heureusement qu'il y a Caditel pour faire les courses sur catalogue.

Et s'il n'y avait pas les coups de fil, quotidiens mais plus souvent au nombre de deux ou trois par jour, de grand-mère, le téléphone ne sonnerait pas souvent excepté les appels des clients de Papa. Pendant une demi-heure à une heure chaque soir, Maman se contente d'écouter sa mère se plaindre que tout va mal, avec le cancer de son mari qui se généralise et la dépression de Jacotte qui s'aggrave. Ensuite Grand-mère passe aux malheurs du voisinage, qu'elle détaille abondamment, et termine par une bonne louche de religion. Quand elle reprend sa respiration, Maman place une tentative de réconfort : « Ça va aller » ; « Ne t'en fais pas, je vais bien » ; « Tu as raison. » Parfois elle ajoute : « Ma fille à moi, elle est si heureuse. Il suffit de la regarder pour voir comme elle est épanouie. » J'ai envie de hurler quand j'entends ça, mais je me tais.

Jacotte appelle aussi, toujours tard le soir, après vingt-deux heures. Elle parle de la mort, la sienne parce qu'elle va en finir un de ces jours, celle de Grand-père qui ne devrait plus tarder vu son état de délabrement physique, celle des malades dont elle s'occupe à l'hôpital. L'autre sujet de prédilection, c'est son problème de poids dû aux antidépresseurs, ses incessants régimes suivis d'une inévitable reprise de poids. Quand son humeur paraît trop suicidaire à Maman, elle appelle le SAMU pour qu'ils interviennent chez Jacotte. À six cents kilomètres de distance, difficile d'agir autrement.

Ma mère me transmet ses peurs aussi. Il lui arrive de veiller fort tard, son esprit en alerte à cause du moindre bruit. Dans notre maison sans volets – ils coûtent trop cher –, le moindre son nouveau ou incongru l'effraie. Alors, après m'avoir conseillé de « monter » dans ma chambre en ayant pris soin de m'enfermer à double tour, elle ose sortir « voir s'il y a quelqu'un dehors ». Et moi, obéissante et terrorisée, je reste tapie dans un coin, à redouter le pire.

Maman prend aussi soin de me raconter tout, le passé et le présent entremêlés dans le désordre.

— Ton père n'est pas gentil. C'est aussi de sa faute si je pleure tout le temps. Il n'est jamais là, il me laisse seule dans cette maison pleine de courants d'air, humide et froide où il pleut de partout, loin de tout, sans voiture. Lui, il se paie du bon temps, il voyage, il va dans des hôtels de luxe, des palaces, il mange au restaurant. Et il a le culot d'envoyer des cartes postales ! Pas étonnant qu'il y ait des huissiers qui viennent sonner à notre porte tous les quatre matins, avec le train qu'il mène ! On n'a pas un rond et monsieur mène la grande vie. Moi, pendant qu'il se la coule douce, je me tape tout le sale boulot, toute seule, nourrir les animaux malades, boucher les trous par où le vent et la pluie entrent dans cette fichue maison qui tombe en morceaux.

Je comprends à demi-mot que mon éducation est incluse dans le sale boulot.

Maman repart de plus belle.

— Lui quand il rentre, il me balance son linge sale et il se met les pieds sous la table, voilà tout ce qu'il sait faire. Tiens, même la bouteille de gaz, c'est moi qui dois me la coltiner, 35 kg sur mon pauvre dos à moi qui en pèse à peine 50, parce que le livreur prétend que s'il rentre le camion dans le chemin, il va rester enlisé. Il n'y a personne pour m'aider. Les hommes sont si méchants, ma petite puce. Sauf Bobby, encore qu'il soit aussi égoïste que les autres. Mais lui au moins, il a une excuse, c'est un artiste, un très grand artiste. Avant que tu naisses, on vivait dans sa maison, c'était le paradis.

Et là, elle se remet à pleurer...

Chapitre 5

UNE PERPÉTUELLE RÉCLUSION

Une fois, vers l'âge de cinq ans, je reste seule avec Joseph pendant que Maman est allée en Bretagne voir Papy qui est très malade.

Maman part pour Brest la veille de l'hospitalisation de Papy. Avant, elle me fait ses recommandations, en mettant son doigt sous mon menton pour me forcer à la regarder dans les yeux. Elle appuie sur les mots, pour leur donner plus de force :

— Surtout tu ne sors pas, hein ? Même si Papa te le propose, tu refuses. Tu dois me le promettre, me le jurer. Si tu m'obéis bien, je te rapporterai plein de cadeaux. Mais si tu sors, je le saurai et tu n'auras rien. Tu as bien compris : tu ne sors pas !

— Oui Maman, promis juré.

Je ne contredis jamais Maman, je veux être une bonne petite fille, lui faire plaisir pour qu'elle m'aime fort.

*
* *

Le lendemain matin, Joseph me propose de l'accompagner au village pour aller acheter le pain. Par la fenêtre je vois les branches des arbres agitées par le vent. Il pleuvote mais je crève d'envie d'accepter, pour sentir le vent et la pluie sur mon visage, pour respirer à pleins poumons l'air frais, sans écharpes sur la figure pour me museler. C'est affolant, ce désir de liberté, d'évasion qui me met des fourmis dans les jambes et me pousse vers la porte. Mais, comme si Maman était cachée dans ma tête, j'entends sa voix martelant sans cesse, en rythme, comme un refrain plein d'oh : « Tu ne dois pas sortir, si tu sors, je le saurais. » Je ne peux pas lui désobéir, je voudrais mais je ne peux pas.

À l'élan qui me poussait vers la sortie quelques secondes plus tôt se substitue une force autrement puissante qui me cloue sur place. Une paralysie de terreur et de culpabilité ancre mes pieds dans le sol. Je m'entends répondre : « Non merci, je préfère rester ici. »

La porte se referme sur Joseph qui s'en va sans moi, balancée entre accablement et soulagement. Il n'y a pas plus prisonnier que celui qui collabore avec son geôlier...

Plus tard dans la journée, Joseph fait une autre tentative.

— Pourquoi tu ne vas pas jouer dans le jardin, la pluie s'est arrêtée et il ne fait pas froid. Regarde, il y a même du soleil !

Une fois de plus, je décline l'invitation. Si je mets un pied dehors, Maman s'en apercevra, elle le sentira à quelque chose dans mon comportement, je n'arriverai pas à mentir de façon assez convaincante. C'est un risque que je ne peux pas courir. Parce qu'après, que se passera-t-il quand je me retrouverai seule avec elle ?

*
* *

La nuit est tombée depuis longtemps quand Maman arrive. Elle rapporte plein de cadeaux pour moi, comme elle l'avait promis. Pendant que j'ouvre les emballages, elle me questionne :

— Tu es sortie, n'est-ce pas ? Je sais que tu es sortie, pas la peine de mentir.

J'ai beau protester de mon innocence, jurer sur les quatre Évangiles, Maman ne me croit pas. Pendant des jours, elle me harcèle :

— Dis-le que tu es sortie, mais dis-le, qu'on en finisse !

*
* *

Comment ne pas croire que l'enfer commence passé le seuil de la maison, que le monde extérieur est un territoire pavé de menaces, trop dangereux pour une petite fille ? La seule autre hypothèse, c'est que je suis une sorte de monstre qu'il vaut mieux garder sous clé, à l'abri des regards. Pas terrible comme alternative...

Heureusement qu'il y a la boîte magique, je veux dire la télévision. Elle me montre le monde extérieur, elle est remplie de gens qui parlent et qui rient. C'est ma fenêtre sur la vraie vie, ma raison de croire qu'il existe autre chose que l'existence étriquée, claquemurée à laquelle je suis condamnée. Grâce à elle, j'ai des amis, les héros de mes séries et de mes dessins animés préférés. Quand je suis avec Belle et Sébastien ou avec Princesse Sarah, j'oublie ma tristesse. Mais les épisodes sont trop courts, et je me sens plus seule que jamais quand ils s'achèvent.

Si j'étais assez petite et assez mince, je pourrais peut-être arriver à me glisser dans la fente du magnétoscope. Maman me défend de sortir, pas d'aller me promener dans les films. J'irais dans des histoires qui se passent loin d'ici, ou à une autre époque, et je serais libre.

Maman me donne cours cinq jours par semaine, un peu le matin, un peu l'après-midi. Mais souvent, elle est si fatiguée qu'elle s'endort au milieu d'une leçon. Pourtant elle dort la nuit, je le sais parce qu'elle ronfle près de mon oreille.

Mes matières préférées sont le français, l'histoire et bien sûr la géographie, parce que ça me promène. Maman n'aime pas beaucoup les maths, c'est pourquoi je ne suis pas bien forte dès qu'il faut manier des chiffres. La géométrie, n'en parlons pas, un vrai cauchemar. Pourtant, j'aime apprendre. Quand Maman s'assoupit, je continue toute seule à lire mes leçons et à faire des exercices.

Plus que tout, je rêve d'aller à l'école, d'être assise à côté d'une autre petite fille, de jouer à la marelle et à la corde à sauter avec des copines. Au début du mois de septembre, le journal télévisé montre des enfants qui pleurent le jour de la rentrée des classes. Ils ne savent pas la chance qu'ils ont ! Moi, je donnerais un bras pour être à leur place, et je hurlerais de joie en pénétrant dans la salle de classe.

J'en ai assez des poupées qui s'amoncellent dans ma chambre ; je ne peux plus les supporter, avec leurs yeux morts et leur fausse bonne mine peinte sur les joues. Mon imagination cale, je n'arrive plus à prétendre que ce sont de vraies petites filles, je ne vois que le plastique couleur chair et la filasse brillante qui leur sert de cheveux. Cependant il me faut absolument des amies. Alors je vais en découper dans les magazines de télévision et les catalogues de vente par correspondance, et aussi en dessiner. Ça manque un peu de relief, mais l'avantage c'est que je peux changer les visages aussi souvent que j'en ai envie, ou me fabriquer une foule de copines jusqu'à ne plus savoir où donner de la tête.

*
* *

La période de l'année que je préfère, c'est Noël. Depuis que j'ai sept ans, j'ai le droit d'aller à la messe de minuit. J'adorerais ça, si je n'étais pas obligée de garder mes écharpes sur la figure pour sortir de l'église, jusqu'à ce que la portière de la voiture soit fermée. La foule qui se presse dans la petite église du village et les flammes des cierges qui font chatoyer les vitraux multicolores composent un tableau passionnant pour quelqu'un dont l'univers mesure soixante-dix mètres carrés, trois cent soixante jours par an. Plus grand qu'une cellule de prisonnier, plus petit que l'île déserte de Robinson Crusoé.

Maman aussi adore Noël, tellement qu'elle le fête plusieurs fois. Il y a un Noël dans la maison, un Noël de la véranda, et même un Noël dans ma maisonnette, pour lequel je suis exceptionnellement autorisée à m'y rendre, emmitouflée dans trois écharpes. À chaque fois, un sapin et des cadeaux.

Pâques me vaut une brève sortie, pour aller chercher les œufs dans le jardin. Maman me met une combinaison de ski et trois écharpes autour de la tête. Une année où il fait particulièrement froid pour un mois d'avril, les cloches déposent leurs friandises à l'intérieur de la maison, ce qui ne manque pas de susciter mon étonnement. Je croule sous le chocolat, les œufs, les poules, les lapins, les cloches, alors que je ne mange qu'une petite poule et un œuf. Le reste, on le garde pour l'année suivante.

Si je ne demande pas de poupées dans ma lettre au Père Noël, Maman me fait un scandale. Les petites filles jouent à la poupée, c'est comme ça, il n'y a pas à discuter. En désignant les paquets entassés au pied du sapin, Joseph n'arrête pas de me répéter : « Toi alors, tu n'es pas à plaindre ! Tu ne pourras pas dire qu'on ne t'a pas pourrie gâtée. » Je n'ose pas avouer que j'échangerais volontiers tous ces jouets contre un quart d'heure de grand air sans écharpes et avec des enfants de mon âge.

*
* *

Si Joseph n'était pas tout le temps parti, peut-être qu'il empêcherait Maman de me garder enfermée. Ce n'est pas possible qu'il ne se rende pas compte de ce qui se passe. Alors pourquoi ne fait-il rien ? Pourquoi ne me défend-il pas ?

Quand j'essaie de m'installer sur ses genoux pour faire un câlin, il me repousse :

— Descends de là, tu es trop lourde, tu me fais mal à la jambe, j'ai des crampes.

D'après ce que je vois à la télé, un vrai papa, ça ne se conduit pas comme ça. Pourquoi le mien ne m'aime-t-il pas ? Pourtant je crois que si, quand il revient à la maison avec plein de souvenirs de ses voyages, des petites poupées en costume folklorique ou régional qui prouvent qu'il a pensé à moi. Et puis je me dis que non, quand il me grogne dessus à chaque fois que j'essaie d'attirer son attention. Lui aussi, il était plus gentil avant, quand j'étais petite.

Je ne peux pas lui dire que je l'aime, j'aurais trop peur que Maman se sente abandonnée ou qu'elle ne devienne jalouse. Souvent elle me somme de choisir entre eux : « Tu es mieux avec Papa ou avec Maman ? Je suis sûre que tu préfères Papa. »

Chapitre 6

Partir, sortir, s'enfuir

J'ai une idée pour sortir ! Je l'ai trouvée dans un livre que je viens de lire. Il raconte l'histoire d'un petit chat hospitalisé pour subir une opération de l'appendicite. Il partage sa chambre avec un autre chaton et ils deviennent amis. Eh bien voilà, je vais faire comme si j'étais très malade, Maman sera obligée de m'envoyer à l'hôpital et là-bas je rencontrerai d'autres enfants.

Le problème, c'est que je suis en bonne santé et que je ne risque pas d'attraper froid car il fait très chaud cet été-là. Maman me permet de sortir dans le jardin à condition que je mette une écharpe. Pendant qu'elle nourrit les poules, l'idée me vient de me laisser tomber dans le bassin décoratif du jardin. Le bruit l'alerte et elle arrive comme une fusée. Elle s'affole, dit que je risque l'hydrocution et me sèche à grand renfort de serviettes-éponges. Sûr qu'après ce coup-là, elle ne va pas me laisser ressortir de sitôt !

Dans les heures qui suivent, je reste affalée

dans le canapé en prétendant que je ne me sens pas très bien. Maman a cuisiné des petites pommes noisettes pour le déjeuner. Normalement, j'adore ça, mais là je me force à ne pas y toucher. Je ne mange rien non plus au dîner, le seul stratagème qui me vienne à l'esprit pour faire croire que je suis malade. Le lendemain et le surlendemain, idem : je refuse d'avaler quoi que ce soit. J'ai eu faim le premier jour, mais dès le deuxième une nausée retourne mon estomac comme une chaussette et je vomis. Le troisième jour, la sensation de faim a pratiquement disparu.

Maman prend ma température chaque matin, mais je n'ai pas de fièvre car je ne sais pas comment truquer le thermomètre sans qu'elle s'en aperçoive. Elle finit quand même par s'inquiéter : « J'espère que tu n'as pas l'appendicite ! » Moi j'adorerais, mais je me garde de le lui dire.

Quand je l'entends téléphoner et demander au médecin de venir, je suis sacrément déçue. Peut-être que lui décidera de m'hospitaliser ?

*

* *

Le médecin m'examine et, bien sûr, ne me trouve aucun symptôme de maladie, à part la perte d'appétit et les vomissements. Il prescrit un antispasmodique et un fortifiant puis dit à

Maman : « Si ça ne va pas mieux d'ici trois ou quatre jours, rappelez-moi. »

Autrement dit, il faut que je tienne quatre jours de plus sans manger. C'est difficile, la faim revient me tirailler le ventre. Le soir, je craque et je picore une petite pomme de terre sautée, à peine une bouchée. Mais je trouve que Maman va mieux depuis que je fais semblant d'être malade. Elle ne pleure plus et s'occupe de moi.

Dans l'espoir de m'inciter à me réalimenter, Maman achète des petits pots de bébé, carotte et abricot. J'adore ça, ça me rappelle les jours heureux, quand j'étais petite. Mais je tiens bon. Et plus les jours passent, plus il m'est facile de ne pas manger.

*

* *

Quatre jours s'écoulent ainsi. Au matin du cinquième, le thermomètre indique un peu de fièvre, et Maman se décide à faire revenir le médecin. La montée de la température l'inquiète au moins autant que la persistance du jeûne et des vomissements.

— Madame, il faut l'hospitaliser pour pratiquer des examens complémentaires, moi j'ai fait ce que je pouvais, maintenant il faut passer la main.

Enfin ! Il m'a fallu endurer près de huit jours de famine pour arracher la décision tant attendue, aussi bien au médecin qu'à ma mère. Je suis folle de joie, mais je n'en montre rien.

Maman, catastrophée, se tord les mains :

— Mais c'est épouvantable, comment vais-je faire ?

Je ne peux m'empêcher de penser : « Là au moins, elle sait pourquoi elle pleure. »

*

* *

C'est Maman qui me conduit à l'hôpital, enveloppée dans une couverture et, comme d'habitude, la tête entourée d'écharpes. Je m'en fiche, tout ce que je veux c'est aller à l'hôpital et rencontrer d'autres enfants.

Je suis toute contente de ma ruse, mais je ne tarde pas à déchanter. Dès notre arrivée aux admissions, ma mère se lance dans un grand numéro à l'intention des infirmières, c'est tout juste si elle ne se roule pas par terre dans ses propres larmes. Elle fait feu de tout bois : je suis sa fille unique, toute petite encore, c'est la première fois que je suis hospitalisée et je vais être traumatisée à vie si on me sépare de ma maman. Son sketch de la mère éplorée tirerait les larmes à un troupeau de crocodiles. « Mais bien sûr, madame, c'est normal, on va vous installer dans la chambre de votre petite. »

La déception est dure à avaler et m'abat beaucoup plus que les privations des jours passées.

Mais comment lui échapper si le coup de l'hôpital ne marche pas ?

On nous emmène dans une chambre à deux lits, un pour moi, un pour Maman.

Une infirmière vient me prendre du sang pour les analyses, puis une autre me conduit à la radio. Maman suit, ses talons claquant dans les couloirs. On ne me trouve pas d'infection, mais le médecin dit qu'il vaut mieux m'opérer par précaution. Maman n'est pas d'accord du tout, et, dès le lendemain matin, elle signe une décharge, en disant que si je ne vais pas mieux elle me ramènera, et m'emmène hors de l'hôpital.

*

* *

Elle me conduit chez le pédiatre qui me soignait quand j'étais petite, avant mes quatre ans. Il commence par me mesurer et me peser : un mètre vingt pour dix-neuf kilos. À l'issue d'un examen complet, il rend son verdict : « Ce n'est pas l'appendicite. Je vais lui prescrire des compléments alimentaires pour compenser la perte de poids et des vitamines pour relancer l'appétit. »

Depuis le coup de l'hôpital, j'ai compris que c'était fichu. Même si je suis opérée, Maman ne lâchera pas prise, elle restera dans ma chambre nuit et jour, jusqu'à ce qu'elle puisse me ramener à la maison et à nouveau m'enfermer entre ces quatre maudits murs.

J'ai le cœur lourd pendant le trajet du retour, comme un prisonnier qu'on conduit au cachot après une évasion manquée. Elle est trop forte, elle joue si bien le jeu de la mère parfaite que personne ne se doute de rien. Même si j'arrivais à parler à quelqu'un, on ne me croirait pas. Et si par extraordinaire on m'écoutait, qu'est-ce qui se passerait ? Si Maman n'est plus là pour s'occuper de moi, qui va le faire ? Je n'ai personne d'autre, personne ne voudra de moi, personne ne m'aimera comme elle.

Voilà, nous sommes revenues, la porte se referme sur moi. Combien de temps faudra-t-il que j'attende avant de revoir le ciel autrement que découpé par le carreau d'une fenêtre ?

Au dîner, je recommence à manger.

*
* *

Parfois je pense à fuguer. Pendant que Maman soigne les poules, je pourrais sortir par une fenêtre du salon. Mais où irais-je ? Je ne connais rien au monde extérieur, je ne suis même pas sûre d'être capable d'aller jusqu'au village sans me perdre. Mon seul repère, c'est la voie ferrée. Je n'oserais jamais m'aventurer de l'autre côté, à travers le bois, j'aurais bien trop peur de rencontrer le père Lustucru. Maman dit qu'il rôde à l'affût des petits enfants perdus. Quand il en attrape un, il l'emporte dans un grand sac-poubelle et personne ne le revoit plus jamais, ni vivant ni mort.

Un jour quand même, l'envie de m'évader me taraude tellement que je me décide. Je mets quatre bananes et une bouteille d'eau dans un sac à dos et je m'apprête à ouvrir une fenêtre. Mais j'entends les pas de Maman sur le gravier de l'allée, elle est revenue plus vite que je ne pensais. Alors je cache le sac à dos derrière le canapé, jusqu'au moment où je peux remettre en place les bananes et la bouteille d'eau sans me faire remarquer. C'est ma seule tentative, bien vite avortée.

*
* *

L'exercice que je ne peux faire au-dehors, je le pratique à l'intérieur. Je cours autour de la table de la salle de manger jusqu'à ce que je sois hors d'haleine, je fais du vélo à travers le salon, quelques coups de pédales et je freine pour ne pas emboutir le mur. Je monte et je descends l'escalier le plus vite possible, en comptant les marches. Toute ressemblance avec un hamster en cage en train de tourner dans sa roue n'est pas fortuite. Je suis un hamster frénétique, hystérique, qui pédale sur place, encagé, immobile. Le mouvement n'est qu'une illusion, à peine un exutoire.

Il faut bien que je me dépense, que j'expulse l'énergie accumulée dans mon corps. Parfois je me sens comme une bombe prête à exploser, mon sang pulse dans mes veines, dans ma tête, dans ma gorge, j'étouffe, je voudrais crier, frapper. Mais il faut apprendre à se contrôler, dit Maman. « Maîtrise ton corps ! » me répète-t-elle tout le temps.

Le verbe « maîtriser », elle ne cesse de me le conjuguer sur tous les tons. Comme un idéal à atteindre, une vertu supérieure. Je dois « maîtriser » mon comportement, mes impulsions, mais aussi mon corps. À ses yeux, l'art du contrôle permanent que les Asiatiques ont érigé en règle de vie est une inspiration majeure, une voie à suivre. Un jour, alors que nous regardons un journal télévisé où une jeune japonaise réussit le tour de force de se contorsionner comme personne au point de passer ses pieds autour de son cou, elle est estomaquée.

— Tu te rends compte, me dit-elle, comme c'est beau de dominer son corps de cette façon ? Elle a dû beaucoup travailler, répéter pour y arriver. C'est pour cela que ces peuples sont doués en sport, en musique, en art : ils se maîtrisent. Tu devrais en faire autant.

Dans mon esprit, un déclic. Je dois en faire autant. Alors je me contorsionne à mon tour, j'essaie de placer mes jambes où elles ne vont jamais. J'ai mal, mais j'y parviens. Pour lui faire plaisir, je me surpasse.

En y réfléchissant, il me revient un autre souvenir lié à cette exigence et à sa passion pour l'Asie. Un peu plus tôt, elle m'a raconté l'histoire des petites Chinoises à qui l'on bandait autrefois les pieds afin de les empêcher de grandir. Comme pour elle ce qui est petit est superbe, je comprends mieux l'obsession qu'elle a de mes chaussures de taille inférieure à la normale. Se « maîtriser », encore et toujours.

*
* *

Cette année, j'ai sept ans et j'ai décidé de faire carême, comme elle. Pendant toute cette période, qui dure quarante jours du Mardi gras au dimanche de Pâques, on doit se priver et ne pas consommer de viande. Maman dit qu'il ne faut pas non plus prendre de plaisir à manger. Elle fait donc une cuisine particulièrement fade pendant six semaines, en privilégiant les aliments sans couleur et sans goût. Par exemple du riz au lait pratiquement sans sucre ou des pâtes sans sauce ni beurre. Déjà que la nourriture n'est pas terrible en temps normal, là on atteint les limites du comestible. Le Vendredi saint, Maman jeûne, prie et pleure toute la journée. Pareil pour le mercredi des Cendres. Elle est très fière de mon initiative et s'en vante auprès de sa mère et de sa sœur : « Ma fille a décidé toute seule de faire le carême, à sept ans, vous vous rendez compte ! »

Elle ne mange pas beaucoup non plus le reste de l'année, d'ailleurs elle est très maigre. Elle n'aime pas les gâteaux, la charcuterie, les sucreries, c'est Joseph qui en rapporte. Lui, il a un gros appétit et il ne se prive de rien. Maman le regarde s'empiffrer d'un air dégoûté. Elle dit qu'il a un gros ventre, qu'il boit trop, et qu'il ne revient à la maison que pour se mettre les pieds sous la table. Ils se disputent beaucoup, et ça se termine toujours pareil : Joseph claque la porte et se tire. Moi je reste seule avec Maman.

*

* *

Tous les sous que je reçois de la famille pour mon anniversaire et mes étrennes, je les donne à mes parents. Je n'ai pas de tirelire où les mettre, et puis comment les dépenserais-je ? Pour la fête des Mères, je demande à Joseph de piocher dans mon pécule pour acheter à ma place un cadeau pour Maman. Son choix se porte parfois sur des articles que je suis un peu gênée d'offrir, tels des soutiens-gorge ou même des strings.

Il arrive aussi qu'il s'agisse d'appareils ménagers. Le four à micro-ondes fait un bide, car Maman craint qu'on attrape le cancer en mangeant des aliments réchauffés dedans. C'est dommage, j'en ai assez des surgelés à moitié décongelés et encore froids à l'intérieur. Il faut bien dire que la cuisine n'est pas le domaine de prédilection de Maman. Elle fait à manger, le plus souvent des plats tout préparés ou des conserves, parce qu'elle y est obligée, mais on sent bien qu'elle n'y trouve aucun intérêt, sauf quand elle prépare des frites maison que j'adore. La nourriture n'est pas une source de plaisir pour elle.

À la réflexion, je me demande ce qui lui en procure, du plaisir. J'ai beau me creuser la tête, je ne vois pas.

Chapitre 7

L'INTRUSE

Au départ, je trouve que c'est une bonne idée et je me réjouis à la perspective d'avoir une camarade de jeu à domicile pendant l'été, puisque je n'ai pas accès à celles qui évoluent dans le monde extérieur. De plus, Maman me présente la chose comme une bonne action : nous allons offrir des vacances à une petite fille pauvre – ah bon, plus pauvre que nous ? – dont les parents travaillent et ne peuvent pas s'occuper.

Une assistante sociale vient inspecter la maison pour s'assurer qu'elle convient à l'accueil d'une enfant. Elle se contente de la fable bien rodée de Maman à mon sujet – l'école à la maison à cause du violon – sans s'adresser directement à moi ni chercher à aller plus loin. Forcément, je ne porte pas de traces de coups qui auraient pu l'alerter. Et, au vu du monceau de jouets qui traîne dans le salon, je semble gâtée. Ce que je subis ne laisse pas de marque visible, tant pis pour moi.

Quand Julie arrive, je saisis tout de suite que quelque chose cloche. Pourquoi Maman a-t-elle demandé au Secours Populaire une petite fille de quatre ans, alors que j'en aurai huit dans deux mois ? Sûrement pas à mon intention.

*

* *

Chaque jour de ce maudit été, j'ai l'impression qu'on me déchire le cœur, millimètre par millimètre. Maman ne pleure plus, elle se remet à sortir. Avec Julie, pas avec moi. Julie va à la boulangerie, Julie joue dans le jardin, Julie fait les courses à l'hypermarché... bien sûr sans écharpe sur le visage. Tout ce que je crève d'envie de faire et qui me demeure interdit. Pendant qu'elles s'éloignent main dans la main, je reste enfermée, à contempler d'un œil sombre, à travers la vitre, un soleil qui ne brille pas pour moi.

De tout ce que j'ai enduré depuis la cassure, c'est le pire. Jusqu'à présent, j'avais pu me dire que mon enfermement était dû à un excès d'amour maternel, et le supporter pour cette raison. Mais, quand je vois la façon dont Maman se comporte avec une parfaite étrangère, l'alibi affectif vole en éclats. Maman ne s'occupe plus de moi, il n'y en a que pour Julie. Même Joseph, si avare d'attentions à mon égard, la traite avec une gentillesse qu'il ne m'a jamais manifestée.

Avant, je souffrais mais je n'en étais pas

consciente. Maintenant, je réalise que je suis malheureuse.

*

* *

Les pourquoi vrombissent et tournoient dans ma pauvre tête égarée. Pourquoi Julie a-t-elle le droit de faire ce qui m'est interdit ? Pourquoi Maman est-elle si contente de sa présence ? Est-ce que ça signifie qu'elle ne m'aime plus ? Ou bien qu'elle ne m'a jamais aimée ? Pourquoi Joseph s'intéresse-t-il à Julie et pas à moi ? Pourquoi me tient-on prisonnière ? Pourquoi dois-je dissimuler mon visage ? Quel crime ai-je commis ? Suis-je un monstre ?

Une réponse au moins me saute à la figure : je suis devenue trop grande pour plaire à Maman. Je n'ai que huit ans, mais je me trouve trop vieille, trop grande, trop grosse, trop laide, trop bête. Indigne d'être aimée, en résumé.

Je regarde avec une amère envie les petits vêtements, les petites chaussures, le petit corps de ma rivale. Si seulement je pouvais rétrécir, remonter le temps, redevenir un bébé...

Maman nous achète les mêmes affaires et s'amuse à nous habiller de façon identique. J'ai l'impression d'être une géante lourdaude à côté d'un elfe gracieux.

C'est trop injuste, comme dirait Calimero, le poussin noir coiffé d'une coquille cassée du dessin animé. Je n'y peux rien moi, si je n'ai plus quatre ans. Moi aussi, je préférais quand j'étais petite. J'en déduis que plus je grandirai, moins Maman m'aimera.

*
* *

Maman nous prend en photo. Avant d'appuyer sur le déclencheur, elle m'ordonne : « Plie tes genoux sous ta robe, pour qu'on ne voit pas comme tu es grande. »

J'essaie quand même de jouer avec Julie. Mais je suis trop triste et trop furieuse en même temps pour être capable de m'amuser. Et comment devenir amie avec celle qui, sans le vouloir ni le savoir, a apporté le malheur avec elle ? De toute façon, Maman s'interpose dès que nous semblons absorbées par un jeu. Elle prend Julie et l'emmène avec elle. Je reste seule dans la maison vide, avec l'impression horrible d'être délogée de chez moi tout en continuant d'y être séquestrée. Il n'y a plus de place pour moi ici, et je n'ai pas le droit de m'en aller. On se cognerait la tête contre les murs pour moins que ça.

*
* *

La visite du zoo de Thoiry, une expédition récréative comme je n'en ai jamais connu, tourne elle aussi au cauchemar. Je dois rester enfermée dans la voiture, vitres fermées, tout le long du parcours, même quand Maman emmène Julie voir les singes et les antilopes. Pendant qu'elles vont aux toilettes, Joseph me propose de m'apprendre à conduire. Je m'assieds sur ses genoux et je tiens le volant, lui appuie sur les pédales et passe les vitesses. Il a ouvert la vitre côté conducteur et je sens une brise tiède, délicieuse comme la caresse d'un ange, effleurer mon visage. Et là, je fais une chose inouïe : je sors la tête pour que le vent puisse jouer librement avec mes cheveux. Ma propre audace m'épate ! C'est un bonheur comme je n'en ai pas connu depuis longtemps.

Malheureusement Maman est déjà de retour. J'aurais dû regarder dans le rétroviseur afin de pouvoir remonter la vitre avant qu'elle ne voie que je lui ai désobéi. Elle entre dans une colère noire et se met à hurler. Joseph ferme la fenêtre sans rien dire et nous repartons en direction de la maison. Fin de l'entracte.

*

* *

La présence de Julie a néanmoins un effet positif. Maman arrête de me mettre une couche pour la nuit et je peux abandonner le pot de chambre au profit des toilettes.

Quand Julie s'en va, à la fin du mois d'août, Maman retombe dans son habituelle dépression, mais cependant elle a repris l'habitude de sortir et accompagne dorénavant Joseph à l'hypermarché. Moi je me sens plus seule que jamais, sans une lueur à l'horizon.

Julie m'écrit, sur du papier à lettres offert en cadeau dans une cafétéria Flunch. Maman fonce chez Flunch et m'en rapporte le même papier : « Comme ça, tu pourras lui dire que toi aussi tu es allée à la cafétéria. »

Quelques semaines après le départ de Julie, une drôle d'idée me passe par la tête. J'ai envie de retrouver mon bon vieux lit à barreaux de quand j'étais bébé. Maman approuve, enfin un sourire revient éclairer son visage ravagé par les larmes.

Comme je suis trop grande pour dormir dans mon ancien lit, Maman en rachète un neuf à ma taille. Elle y dispose les hochets qu'elle a également rachetés à cette occasion. Lorsque le jour de son anniversaire arrive, je l'invite à venir dormir avec moi entre les barreaux, ce qu'elle accepte immédiatement.

*

* *

L'été suivant, une autre petite fille passe l'été chez nous. Maman n'a pu avoir qu'une enfant de six ans en plus de Julie qui revient par la même occasion et avec laquelle elle recommence le même manège. Les deux fillettes jouent dehors, pendant que je reste enfermée à me morfondre.

Moi je vais sur mes neuf ans, je suis de plus en plus grande, de plus en plus lourde. J'ai peur de ce qui m'attend, de la puberté dont j'ai entendu parler à la télévision et qui bientôt déformera mon corps, lui enlèvera ce qui lui reste d'enfance. Comment y échapper ?

Chapitre 8

RÉBECCA ET MOI

Après les histoires tristes – comme *Les Malheurs de Sophie* –, ce sont les films d'horreur que je préfère. Maman me laisse regarder ce que je veux, ou plutôt n'y prête pas attention. J'ai bien aimé la série des *Amityville* qui se passe dans une maison maudite. Il n'y a rien de tel que deux heures de terreur pour ensuite trouver son existence supportable. Sinon j'adore aussi les histoires de fantômes. Ils en ont de la chance, ils peuvent traverser les murs et passer d'un monde à l'autre, débarrassés de leur corps et de ses contingences matérielles. Ça me plairait bien d'être un fantôme et de pouvoir rencontrer des gens. Même des morts.

Je m'évade autrement, par la seule porte qui n'est pas verrouillée, celle que mon imagination ouvre dans ma tête. Je rêve que je parcours des pays étrangers et que je fais la connaissance de tout un tas de personnes. Une simple photo dans un magazine me suffit pour décoller. Mais là, contrairement à ce qui se passe avec les films d'horreur, c'est le retour à la réalité, l'atterrissage entre les quatre murs d'Arbonne-la-Forêt, qui est douloureux.

*
* *

Un jour, pendant que Maman sort s'occuper des animaux, je trouve au fond de mon placard une robe, offerte par Mamie, qu'elle n'aime pas, parce qu'elle fait trop grande fille. Je l'essaie et je vais me regarder dans le grand miroir qui se trouve dans ma chambre. C'est vrai qu'elle diffère de mes autres habits, cette robe, je me reconnais à peine. Pour renforcer cette impression d'étrangeté, je mets sur mon nez les lunettes que Maman m'a achetées cet été, les mêmes que celles de Julie, et je me coiffe autrement. Par jeu, je commence à parler à mon reflet dans le miroir comme s'il s'agissait d'une autre petite fille.

Elle me répond qu'elle s'appelle Rébecca et qu'elle a mon âge. Je la trouve très mignonne, beaucoup plus jolie que moi. Nous devenons amies tout de suite. Rébecca mène une existence très différente de la mienne : elle va à l'école, elle a plein d'amies et elle est libre de faire ce qu'elle veut. Par exemple sortir. Et c'est ce qu'elle va faire de ce pas, Rébecca. Elle ouvre la porte qui donne sur le jardin et se dirige vers le chemin qui mène à la voie ferrée, au milieu des bois. Elle a quand même mis une écharpe, au cas où, qu'elle n'enlève que lorsqu'elle est hors de vue de la maison. Rébecca marche le long des rails pendant plus d'un kilomètre, sans pour autant atteindre la gare qui est distante de trois kilomètres. Au passage, elle s'arrête devant la maison d'un vieux pépé qui est occupé à arracher les mauvaises herbes de son potager, son chien couché à côté de lui. Elle lui dit bonjour, il répond de même, mais la conversation s'arrête là. Elle ne se formalise pas car c'est déjà beaucoup d'échanger un salut avec un inconnu, un être humain. Alors Rébecca fait demi-tour et rentre à la maison.

Moi je ne sors jamais, j'obéis à Maman, mais Rébecca va se promener de temps en temps. Elle ne s'éloigne pas trop non plus, parce qu'il faut quand même se montrer prudente. Si Maman découvrait l'existence de Rébecca et les libertés qu'elle prend, je ne sais pas ce qu'elle serait capable de lui faire.

*

* *

La SNCF effectue des travaux sur la voie ferrée proche de notre maison. Les rats qui y prospèrent, dérangés par les pioches des ouvriers, émigrent chez nous. Dans le jardin où ils causent des ravages parmi les poules naines et les chatons survivants, et dans la maison où ils me terrorisent en entrant comme ils le veulent et en rongeant le mur. Maman dispose des pièges qui ne s'avèrent pas très efficaces, car ces rats sont malins comme des singes. Joseph prend la situation en main quand il rentre le week-end. Il tire les rats à la carabine, en hurlant de joie quand il en dégomme un, comme s'il était dans un stand à la fête foraine. Les coups de feu répétés me portent sur les nerfs.

Les rongeurs ayant terminé l'œuvre de destruction féline entamée par le coryza et le sida, Maman décide de prendre un chien. « Les petits chiens, c'est plus solide que les petits chats », me dit-elle. Elle choisit un caniche nain abricot, comme celui que possédait Bobby. Je propose de lui donner le même nom, Olivia. La compagnie de la chienne égaie un peu ma solitude, je joue avec elle et lui parle comme s'il s'agissait d'une petite camarade ou de ma grande sœur. Puis Maman lui achète un mari, que je baptise Lulu. Olivia ne tarde pas à donner naissance à une portée de trois chiots, dont un mort-né. Mais elle ne peut pas les allaiter et les rejette, menaçant même de leur faire du mal. Maman prend le relais et nourrit les petits au biberon. On voit, au sourire revenu sur son visage, que cette tâche l'emplit de joie.

Je me suis confectionné une sorte de petit jardin d'intérieur avec les restes des pots de muguet du 1er Mai que j'ai transvasés dans un grand bac. Dès que j'ai le dos tourné, les chiots vont gratter la terre et manger les racines qu'ils déterrent. Très vite, ils sont pris de coliques et présentent des symptômes inquiétants. Maman et Papa les emmènent chez le vétérinaire. J'attends leur retour avec une impatience anxieuse.

Maman ne ramène que l'un des deux chiots et pour la première fois m'avoue une mort, celle du deuxième. Il a été intoxiqué par le poison contenu dans les racines de muguet. C'est de ma faute, j'aurais dû le savoir et mettre les plantes hors de sa portée. Joseph tente d'adoucir mon chagrin en disant que le chiot n'a pas souffert car son cœur s'est simplement arrêté de battre. Mais je me sens tellement coupable que j'envisage de sauter du balcon pour qu'on puisse greffer mon cœur au chiot. Je renonce car la maison n'a qu'un étage et je risque surtout de me casser une jambe.

Est-ce la maison qui est maudite ou moi ?

Chapitre 9

DOUBLE RATION D'HOSTIE

J'ai huit ans et demi, il serait temps que je fasse ma communion privée. Je n'ai jamais été au catéchisme jusqu'à présent, et seulement deux fois à la messe. Normalement, j'aurais dû recevoir le sacrement à Arbonne-la-Forêt, notre paroisse, mais Maman ne veut plus que j'y mette les pieds depuis l'incident qui a eu lieu à Noël dernier. Pendant que nous nous installions pour entendre la messe de Noël, une dame m'a dévisagée puis m'a lancé : « Mais tu ne sors jamais, comment ça se fait qu'on ne te voit jamais ici ? Est-ce qu'on te parle de Dieu à la maison, au moins ? » En revanche, cette bonne âme ne se soucie pas des raisons de mon invisibilité...

Maman obtient, en prétextant auprès du curé de Saint-Martin-en-Bière qu'elle n'a pas de voiture pour m'emmener, que j'assiste seulement à trois des cours de catéchisme qui ont lieu dans l'église. Je dois donc garder mes écharpes sur le museau lorsque je sors de l'église pour m'engouffrer dans la voiture, et même parfois à l'intérieur de la nef, quand Maman estime qu'il y fait trop froid. Mais, comme de toute façon je ne peux pas parler aux autres enfants qui regardent mon accoutrement d'un sale œil, parce que Maman reste là tout le temps, à deux chaises derrière moi, qu'importe. Si ses yeux envoyaient de la chaleur, j'aurais la nuque brûlée au troisième degré. Elle me rembarque vite fait après, l'excursion étant limitée au minimum. Pareil le jour de ma petite communion, où mon accoutrement est trop hivernal et où mes chaussures blanches achetées en taille 34 parce qu'elles font de « plus petits pieds » sont un supplice à porter. Pareil, encore, le jour de la communion elle-même, sauf qu'elle ne peut décemment pas, cette fois, m'enrouler la tête dans une écharpe. Alors elle me recommande de mettre ma main devant mon nez et ma bouche dès que je sortirai de l'église. Et j'obéis, comme toujours.

*

* *

Papy finit par mourir de son cancer. Maman ne me le dit pas, juste qu'il va plus mal. Nous partons pour la Bretagne avec Papa. Au lieu de dormir chez Mamie, nous logeons à l'hôtel. Je reste dans la chambre pendant que Papa et Maman vont, me disent-ils, voir Papy à l'hôpital. Plus tard, nous retrouvons Mamy et Jacotte pour le déjeuner. Personne ne parle de mort mais, rien qu'à voir leurs habits noirs et leurs figures tristes, je devine la vérité. Longtemps, Maman continue à faire comme si son père était encore vivant. Je fais semblant d'y croire, en pensant que c'est peut-être un moyen qu'elle a trouvé de soulager son chagrin.

Cette mort laisse une blessure irréparable dans la famille, car sa belle-sœur, la femme de Louis, savait que leur père était mourant mais ne les a pas prévenus. Et Jacotte, tout comme ma mère, lui en veulent.

*
* *

Les gens que Maman admire, physiquement et moralement, sont tous maigres.

Au premier rang, son père et Marthe Robin. Nous la découvrons en regardant *Mystères*, l'émission de Jacques Pradel, qui lui consacre un reportage. Très jeune, cette fille de pauvres paysans fut frappée par la maladie. La paralysie la gagne à vingt-cinq ans, puis la cécité. Dans le même temps, elle reçoit l'appel de Dieu et les stigmates. Pendant les quarante dernières années de sa vie, Marthe Robin n'absorbe pas d'autre aliment qu'une hostie consacrée par jour. Elle ne boit pas et ne dort pas non plus. On ne sait toujours pas comment elle réussit à survivre aussi longtemps ainsi. Mais elle conserve une énergie morale phénoménale grâce à laquelle elle parvient à faire bâtir des écoles et initie une communauté, les Foyers de Charité. L'enquête pour sa béatification est en cours au Vatican. Marthe Robin choisit de consacrer son existence, corps et âme, à Dieu.

*
* *

L'esprit de sacrifice la relie à sainte Thérèse de Lisieux, ma sainte favorite. Vers l'âge de onze ans, je vois pour la première fois le très beau film qu'Alain Cavalier a consacré à la petite religieuse normande. C'est un choc, à la fois émotionnel et esthétique. Thérèse se réjouit de souffrir car ainsi elle se rapproche de Jésus. Les mortifications qu'elle s'inflige s'ajoutent à la tuberculose et elle meurt à vingt-quatre ans. La façon dont elle transcende ses souffrances en extase mystique me fascine particulièrement, ainsi que son innocence.

Il y a tant de douleur en moi que je veux l'offrir à Dieu. J'écorche le bout de mes doigts avec des ciseaux à ongles, jusqu'à les faire saigner, puis je peins avec mon sang un portrait de la Sainte Vierge. Quand je le montre à Maman, elle regarde mes doigts écorchés en disant : « Ce n'est pas bien. » Mais je n'ai pas l'impression d'une désapprobation massive, plutôt d'un commentaire qu'elle se sent obligée de faire afin de tenir son rôle de bonne mère.

J'ai souvent des difficultés à déterminer quel sens exact donner aux paroles de Maman, parce que je crois distinguer une divergence entre la signification des mots prononcés et celle des mimiques et gestes qui les accompagnent. Comme si deux versions contradictoires m'étaient proposées en même temps et qu'il me faille en choisir une au détriment de l'autre. Ou plus exactement, comme si ce qui est dit à haute voix était démenti par un langage silencieux et subtil de signes cryptés. À moi de les décoder. La plupart du temps, j'en retire une impression de flottement, d'incertitude, de malaise. Je me sens perdue et j'essaie de me raccrocher à un froncement de sourcil ou à un plissement de narine pour valider mon interprétation. Ainsi lorsque je deviens végétarienne, vers l'âge de onze ans, je suis persuadée que Maman m'approuve. Quoi qu'il en soit, elle ne fait rien pour m'en dissuader.

*

* *

La soumission aux volontés de Maman me paraît tellement naturelle que je ne m'insurge jamais. La seule de mes conduites qui pourrait être interprétée comme une rébellion a en vérité pour ambition de stopper ses larmes en provoquant sa colère. Dans ces moments-là, je me mets à l'injurier avec toute la grossièreté dont je suis capable malgré mon jeune âge : « Salope, grosse conne, espèce de pute, je t'emmerde. » J'en passe et des pires. Je me permets de lui balancer ces noms orduriers parce qu'elle sait que je n'en pense pas un mot. C'est presque comme un jeu, mais elle en profite pour le retourner contre moi. « Tu vois comment tu es ? Comment veux-tu que je sorte avec une petite fille aussi mal élevée ? Tu n'as qu'à t'en prendre à toi-même si tu restes enfermée. » Je sais bien que ce n'est pas vrai, qu'il y a une autre raison à ma séquestration. Mais laquelle ?

*

* *

À force de tourner en rond dans la maison, je m'avise qu'existe, à portée de main, un objet qui pourrait me procurer une forme d'évasion : le téléphone. Comment faire ? Peut-être pourrais-je, par ce biais, trouver des correspondantes avec lesquelles nouer par ailleurs une relation épistolaire. Je m'imagine déjà guettant l'arrivée du facteur et ouvrant une enveloppe rose sur laquelle mon adresse sera rédigée au feutre de couleur, d'une grosse écriture ronde. Ce serait une trouée dans la muraille qui me coupe du monde, et Maman n'y verrait sûrement pas d'inconvénient puisque je resterais sagement à la maison, lisant et écrivant.

Le hic, c'est que je ne connais personne, je ne sais pas où m'adresser. Alors j'improvise, à partir de numéros qui figurent dans le répertoire de Maman et dont je change les finales. Je téléphone je ne sais où, à je ne sais qui, au hasard, comme un naufragé jette une bouteille à la mer. Quand quelqu'un décroche, j'explique que je suis une petite fille de onze ans et que je cherche une correspondante. Parfois on me raccroche au nez ou on me répond sèchement, le plus souvent on me dit qu'il n'y a pas d'enfant de mon âge à ce numéro. Mais, à deux ou trois reprises, mes coups de fil font mouche et j'hameçonne des volontaires. L'une d'elles, Priscille, est un peu plus jeune que moi – elle n'a que neuf ans – et habite dans la région de Fontainebleau, donc pas très loin. Maman, qui ouvre mon courrier avant moi, la trouve très intelligente.

*

* *

Pour la communion solennelle, je dois attendre d'avoir douze ans bien sonnés. Dans un premier temps, Maman m'emmène, emmitouflée comme il se doit, au catéchisme à Milly-la-Forêt. Les cours ont lieu dans un collège catholique. Mais dès le deuxième, on apprend qu'une élève a mystérieusement disparu. Elle sera retrouvée assassinée quelques jours plus tard. Maman décrète que le coin n'est pas sûr.

Les choses se compliquent encore avec la retraite, deux jours dédiés à la préparation religieuse et obligatoires pour les communiants. Celle de Milly-la-Forêt doit avoir lieu dans le parc paroissial, au mois de mai. Hors de question que je demeure des heures à l'extérieur, même habillée pour le pôle Nord ! assène Maman. Mais le curé ne veut rien savoir, aucun traitement particulier ne doit marquer une différence entre les retraitants. Devant son inflexibilité, Maman décide de changer de crémerie, si j'ose dire. Nous retournons donc à Saint-Martin-en-Bière où le prêtre se montre plus réceptif à son baratin. Elle prétexte un gros rhume pour réduire ma retraite à une journée au lieu de deux, et pour obtenir que je reste dans l'église, mon écharpe sur la figure, au lieu de musarder dans le jardin avec les autres.

Pour autant, Maman n'a pas renoncé à Milly-la-Forêt.

— La cérémonie est plus belle là-bas, tu verras mon chaton, c'est une célébration à l'ancienne. Et puis l'église est plus grande, il y reste des vitraux anciens absolument superbes.

Moi je veux bien, du moment que j'échappe à mon enfermement habituel, va pour deux communions !

*

* *

Maman et Joseph vont choisir l'aube sans moi. Résultat, pour une fois elle rapporte un vêtement trop grand. J'en suis ravie car cela me permet de plier les genoux à l'abri des regards et de dissimuler mes grands pieds. Les autres communiantes ont toutes un ou deux ans de moins que moi, je n'ai pas envie de les dépasser d'une tête quand nous serons alignées. En revanche, j'ai moins de chance avec les chaussures, des ballerines sans talon pour que je paraisse plus petite, neuves mais auxquelles manque une pointure. Maman décrète aussi que les fleurs sont exclues, il n'est pas question que je ressemble, de près ou de loin, à une mariée.

*
* *

Ma communion solennelle a lieu dans la petite église de Saint-Martin-en-Bière, un samedi de juin en fin d'après-midi. Maman a eu l'idée biscornue de rajouter sur mon aube, pour la réchauffer comme elle dit, une sorte de mantelet blanc bordé de plumes de cygne. On dirait un vêtement de soirée pour élégante début de siècle, parfaitement incongru par rapport au reste de ma tenue, à mon âge et au sacrement que je m'apprête à recevoir. Les gens qui assistent à la cérémonie ne se privent pas de chuchoter, suffisamment fort pour que je les entende, des réflexions désobligeantes sur mon passage.

Ma tante m'ayant, lors du Noël précédent, raconté qu'elle avait vu le visage du Christ dans l'hostie le jour de sa communion, je le cherche dans le disque de pain azyme que le prêtre dépose dans mes mains. En vain. Je le fixe pendant plusieurs minutes, mais toujours rien, alors je me résigne à le mettre dans ma bouche. Nulle vision ne m'illumine, nul élan mystique ne me soulève, nulle extase ne m'arrache à la pesanteur de l'ici-bas. Je reste en panne de transcendance, laborieuse dans mes prières, appliquée dans ma piété. La foi est un devoir, pas une joie, encore moins une grâce.

Pendant toute la messe et lors de la sortie de l'église, je garde les genoux pliés sous mon aube. Jusqu'à en avoir des crampes. Quand nous émergeons sur le parvis, à l'air libre, je remonte un pan du mantelet devant ma bouche et mon nez, ainsi que Maman me l'a recommandé.

*
* *

Il doit s'agir d'un événement exceptionnel car Maman invite sa famille, ainsi que ma petite correspondante Priscille.

Ma grand-mère, ma grand-tante et l'aîné de mes cousins font le déplacement depuis la Bretagne. Ma tante Jacotte ne vient pas, pour cause d'allergie à la grand-tante – elle et sa dépression restent à Brest –, non plus que mon oncle et ma tante, retenus par d'autres obligations. Ma grand-mère, comme d'habitude, dit en me voyant : « Ah comme tu as grandi ! » Maman lui lance un regard noir et réplique : « Mais non, elle n'est pas si grande que ça, tu exagères toujours la taille des gens. » Le seul compliment acceptable à ses oreilles, c'est : « Qu'est-ce qu'elle est pieuse ! »

Je suis très contente à la perspective de rencontrer Priscille avec laquelle je corresponds depuis plusieurs mois. À peine est-elle arrivée que Maman s'extasie à haute voix, en prenant à témoin les autres personnes présentes, sur la qualité de ses lettres et la précocité de son intelligence. Je me sens instantanément ravalée au rang de semi-mongolienne et j'ose à peine adresser la parole à celle qui aurait pu devenir ma première véritable amie, de peur de lui révéler l'étendue de mon imbécillité. Lorsqu'elle s'en va, le goût amer du gâchis envahit ma bouche.

*

* *

Le dimanche matin, je remets ça à Milly-la-Forêt. Je ne me sens pas bien du tout, car les autres enfants sont plus petits qu'à Saint-Martin-en-Bière et j'ai l'impression d'être une géante obèse en comparaison. Les photos prises par Joseph à la sortie de l'église me confirmeront dans cette opinion.

Je n'ai qu'une peur, ressembler à Jacotte qui est très grosse et que Maman n'arrête pas de critiquer parce qu'elle mange trop. Je suis bien d'accord, il n'y a rien de pire que d'être trop gros, c'est l'horreur absolue. Je me jure de faire attention à ce qu'une telle ignominie ne m'arrive jamais.

Chapitre 10

FAUSSES NOTES

Depuis la fameuse brouille avec Bobby Hawk, Joseph a réussi, au bout d'un an de recherches, à retrouver le matériel volé. Cela lui a permis de se rabibocher avec le chanteur, pour lequel il effectue à nouveau des travaux tels que la maintenance du home studio, l'installation et le réglage de la sono pour les concerts. Mais Maman n'a pas pris acte de la réconciliation et refuse de retourner dans la propriété de Barbizon. De même, elle interdit que j'aille y jouer avec Melinda qui, paraît-il, me réclame. Ce qui ne l'empêche pas d'évoquer le souvenir du chanteur avec une voix mouillée d'émotion et de continuer à passer ses disques en boucle.

*
* *

Cette situation perdure jusqu'à environ un an avant ma communion solennelle. Bobby Hawk sort un album, ce qui ne lui était pas arrivé depuis un bout de temps. Il vit avec une jeune femme de vingt ans, Sylvie. Curieusement, Maman accepte de le revoir à partir de ce moment-là.

C'est ainsi qu'elle découvre les nouvelles chansons de son idole. L'une d'elles, qui va faire l'objet d'un clip, retient particulièrement son attention parce que le thème principal est joué par un violon. Une idée, qu'elle trouve immédiatement géniale, germe alors dans son cerveau : son petit prodige de fille, c'est-à-dire moi, doit absolument interpréter le solo de violon dans le clip. À la clé, espère-t-elle, le fameux passage à la télévision qu'elle me prédit depuis mon plus jeune âge, et peut-être la célébrité. Il faut dire que Maman et Joseph me prennent tous les deux pour une virtuose et se vantent à tout bout de champ d'être les parents comblés d'une future Yehudi Menuhin en jupon. À la vérité, en dépit de sept ans de cours, je me débrouille, sans plus. J'en ai davantage appris en regardant *L'École des fans* et en m'exerçant seule qu'en écoutant Jean-Marc, mon professeur.

Maman harcèle Joseph pour qu'il l'épaule dans son projet et me place auprès de Bobby qu'il voit plus fréquemment. La pression est si forte que, pour une fois, Joseph s'active et réussit. Le chanteur accepte que je figure dans son clip pour y jouer du violon.

*
* *

Durant la semaine qui précède le tournage, Maman passe son temps à m'essayer des tenues, des coiffures et même des maquillages. On dirait qu'elle joue avec une poupée vivante. Elle finit par retenir un ensemble en jean, veste et pantalon, aux revers doublés de tissu à fleurs. Un ruban maintiendra mes cheveux en queue-de-cheval sur le côté.

Je suis à la fois excitée et intimidée par l'approche de l'événement. Avant tout surprise par l'honneur qui m'est fait, moi que l'on cache habituellement comme si l'on avait honte de ce que je suis.

*
* *

Par un beau jour d'avril, Maman et Joseph m'emmènent au lieu retenu, un coin de campagne verdoyant avec un moulin et une rivière. Maman est bien obligée de m'ôter l'écharpe dont elle m'a entouré la tête, à son habitude, avant que nous ne rejoignions l'équipe du clip. Avant de sortir de la voiture, elle me chuchote : « Si jamais tu sens trop d'air, surtout mets ta main devant ta bouche et ton nez. »

C'est fou le monde qu'il faut pour tourner quatre minutes de film ! Je n'en reviens pas de voir tous ces gens s'agiter et courir dans tous les sens. C'est un spectacle extraordinairement divertissant pour la petite recluse que je suis. Je me glisse dans un coin où je ne risque pas trop de déranger, et j'observe.

Ainsi je vois le regard que Maman lance à Bobby, et je comprends que ses sentiments n'ont rien perdu de leur intensité. Le chanteur se montre attentionné et toujours séducteur avec elle ; il se contente de m'adresser un petit bonjour. Pour la première fois, une certitude jaillit en moi : cet homme est mon père. Peut-être ne le sait-il pas, ce qui expliquerait son comportement indifférent à mon égard. En revanche son amie, Sylvie, se montre très gentille. Elle est grande et très mince, on dirait un mannequin. Avec ses longs cheveux bruns et ses yeux noisette, je la trouve belle à couper le souffle.

Elle aussi figure dans le clip. Bobby l'engueule pour l'aider à pleurer comme le scénario le prévoit, ce qui prouve sa confiance dans les talents de comédienne de sa petite amie.

On m'appelle enfin pour tenir mon rôle. La mélodie ne comporte aucune difficulté technique, je n'ai que quelques notes à jouer sur un tempo médium. Les larmes de Sylvie m'ont émue et j'interprète le morceau avec sentiment. Je n'ai pas besoin de beaucoup de prises, à la satisfaction générale. Bobby m'adresse un petit signe d'approbation puis vient me faire un bisou pour me féliciter. Joseph plastronne : « C'est ma fille, vous avez vu comme elle est douée ! Elle ira loin, ça, c'est sûr. »

Le reste du tournage se déroule dans une usine désaffectée, avec des danseuses qui évoluent au milieu des musiciens et des effets de fumée. La magie du cinéma me transporte dans un autre monde et je suis littéralement fascinée par tout ce que je vois.

C'est une journée merveilleuse en tous points, la plus belle de ma vie me semble-t-il. La brise d'avril sur ma peau lui donne une douceur déchirante. Toutes ces nouvelles têtes, je voudrais les graver dans ma mémoire à jamais, capturer ces instants magiques pour les revivre sans fin quand je serai à nouveau enfermée. Et puis c'est la première fois que je joue du violon devant un public et une caméra. La sensation est incroyable, je me sens comme portée par les regards.

*
* *

Le soir venu, Sylvie nous propose, à Maman et à moi, de l'accompagner faire les courses pour le buffet qui va réunir les participants du clip sur le lieu du tournage. Je m'adresse à ma mère avant de répondre à la jeune fille :

— Si ça ne te dérange pas, Maman, je veux bien.

Sylvie réplique à sa place, avant qu'elle ait le temps d'ouvrir la bouche :

— Bien sûr que ça ne la dérange pas ! Allez, tu viens.

Obligée de suivre le mouvement, ma mère se débrouille néanmoins pour que je ne sorte pas de la voiture. L'espoir fou que la journée au grand air a fait naître en moi soudain vacille puis s'éteint, comme la flamme d'une bougie sous l'effet du vent. Je n'ai pas pu m'empêcher d'espérer, c'est plus fort que moi. Espérer que Maman renonce, devant l'évidente inefficacité du confinement sur ma croissance, à me tenir enfermée. Espérer qu'une personne extérieure s'intéressera enfin assez à mon sort pour le modifier. Visiblement ce n'est pas encore pour aujourd'hui...

L'adieu qui clôt cette journée de rêve me crève le cœur. Je redoute de ne plus ressortir avant des années. Seul le succès du clip pourrait, peut-être, me sauver et marquer le début d'une nouvelle vie. Installée sur la banquette arrière de la voiture qui roule vers Arbonne-la-Forêt, je croise les doigts et je prie, tout en ravalant mes larmes.

*
* *

Joseph rapporte un trophée à la maison : le matériel de promotion de l'album de Bobby, destiné aux responsables de la programmation musicale des stations de radio. En plus du disque, il y a un cadre avec la photo du chanteur. Je m'en empare et j'inscris au dos : *c'est mon père*, avant de le cacher au fond d'un tiroir sous une pile de T-shirts.

Je ne peux plus appeler Joseph Papa, alors j'imite Maman, j'utilise son nom de famille, Le Gouen, à la place. Il ne bronche pas, ce qui ne fait que me renforcer dans la conviction qu'il n'est que mon père nourricier.

*

* *

Depuis le tournage du clip, le violon m'apparaît sous un jour nouveau. Peut-être pourrait-il devenir une sorte de clé des champs. Aussi je travaille mon instrument comme jamais, à m'en faire saigner les doigts.

Je n'en crois pas mes oreilles : nous allons dîner chez Bobby et on m'emmène. La température de ce mois de mai est si douce que la table est dressée dehors, sur la terrasse. Rien ne peut me faire plus plaisir.

Doris m'accueille avec son habituelle gentillesse, j'aimerais tellement avoir une grand-mère comme elle ! Cela fait des siècles que je n'avais pas vu Melinda, je la trouve changée, grandie, presque une adolescente alors que j'ai toujours l'air d'une enfant. Elle me parle du collège où elle étudie, de ses camarades, de ses sorties, des derniers films qu'elle a vus, des fringues que son père lui paie. Moi je n'ai strictement rien à raconter, alors je me tais et je l'écoute. Dieu que je me sens stupide et inintéressante ! La conversation finit par s'étioler, faute de répondant de ma part. Nous étions proches quand nous étions petites, presque des sœurs, alors qu'aujourd'hui j'ai l'impression que nous ne vivons pas sur la même planète. Mais l'alien, c'est moi.

Durant le dîner, je surprends des regards qui se croisent, ceux de Maman et de Bobby. Ces deux-là se parlent avec les yeux, mais je ne comprends pas ce qu'ils se disent. Chaque fois que Maman fait mine de se lever de table pour aider Sylvie à la cuisine, Bobby, qui l'a placée à sa droite, l'oblige à se rasseoir. Sans un regard pour ce manège, Le Gouen enchaîne les verres de rosé et plaisante avec son voisin de table, le guitariste attitré du chanteur.

La soirée se termine trop tôt à mon goût, mais elle ressuscite l'espoir. Deux sorties en deux mois, c'est du jamais-vu ! Et si la porte de ma prison était en train de s'ouvrir ?

*
* *

On le dirait. Début septembre, Maman organise chez nous mon premier goûter d'anniversaire pour fêter mes onze ans. Bobby, Sylvie et Melinda sont invités. Mon cadeau est un violon tout neuf, pour remplacer celui sur lequel je joue depuis mes quatre ans, et rose. La couleur, c'est une idée de Maman, chipée à Catherine Lara, une chanteuse et violoniste qui utilise des instruments de différentes teintes. J'ai choisi le rose parce que c'est la couleur des petites filles et qu'aucune autre idée ne m'est venue à l'esprit quand elle m'a posé la question. Maintenant que je le vois, je regrette un peu. Le nouveau violon est encore trop petit, parce que j'ai plié le bras au moment où Maman l'a mesuré, comme je plie les genoux quand elle mesure ma taille. En plus, il a coûté très cher.

Bobby se montre aussi indifférent que d'habitude envers moi, mais m'offre, en son nom et celui de Melinda, une montre. En revanche, il embrasse goulûment Sylvie, pendant que Maman essaie de regarder ailleurs. Après le départ des invités, Maman trie le contenu du cendrier et garde les mégots de Bobby, qu'elle place dans une petite boîte en bois peint, comme si c'étaient les reliques d'un saint.

*

* *

Bobby Hawk court les plateaux de télévision pour assurer la promotion de son album. Il doit prochainement participer à *Champs-Élysées*, l'émission de variétés animée par Michel Drucker et diffusée le samedi soir en *prime time*. Il interprétera plusieurs chansons, dont celle du clip. Par Le Gouen qui passe beaucoup de temps à Barbizon ces temps-ci, j'apprends que ma présence est requise sur la scène du Pavillon Gabriel, où l'émission est tournée, afin d'accompagner Bobby au violon, tandis que Sylvie jouera du piano.

Un vertige me saisit : passer de l'isolement à la télévision en quelques semaines, c'est à la fois formidable et violent. Je répète la mélodie huit heures par jour, on pourrait me demander de la jouer les yeux fermés ou sur un pied que j'y arriverais sans problème.

Maman et Le Gouen m'emmènent à Paris pour participer à la répétition qui a lieu la veille du tournage. De même que pour le clip, je m'en tire parfaitement. La fierté rosit le visage de Maman et met des étincelles dans ses yeux.

Quelques heures plus tard, le petit nuage sur lequel je suis perchée depuis plusieurs jours s'écrase brutalement au sol. Sylvie refuse de partager le rôle de faire-valoir avec moi. Bobby accède à son souhait et me voici boutée hors de *Champs-Élysées*. Je n'ai que onze ans mais la vie ne m'a pas épargné les désillusions jusqu'ici. Celle-ci s'avère particulièrement cruelle. La porte de ma prison à peine entrebâillée vient déjà de brutalement se refermer à mon nez. J'admire les deux personnes qui m'ont évincée, l'une d'elle est probablement mon père. Enfin, histoire de couronner ce désastreux empilement, ma mère, tout en critiquant l'injustice de Bobby, s'en prend surtout à Sylvie qu'elle traite de tous les noms. C'est de sa faute si ce qui aurait pu signifier le début d'une nouvelle vie pour sa petite princesse – c'est-à-dire moi – s'effondre. Quoi qu'elle en dise, je me sens nulle, à peine capable de tirer trois notes de mon violon, alors que Sylvie joue très bien du piano. C'est normal qu'on ne veuille pas de moi, je ne mérite rien d'autre.

*
* *

Le Gouen, lui, s'obstine à croire que sa fille est une virtuose. L'histoire du clip lui a fait entrevoir des possibilités mirifiques, croit-il, concernant ma carrière de musicienne. Il s'imagine volontiers en père/imprésario d'un petit prodige, devenu lui-même un personnage considérable et récoltant à pleines brassées l'argent de la gloire.

Ce mirage le persuade qu'il est primordial que je puisse parfaire mon apprentissage musical. Il m'inscrit, sans me demander mon avis, au conservatoire de Fontainebleau, comme élève confirmée ayant sept ans de cours derrière elle.

La perspective de pouvoir bénéficier d'un enseignement plus compétent et plus complet, ainsi que l'opportunité de sortir et de rencontrer des camarades de mon âge me ravit. Mon premier cours se déroule en particulier, fort heureusement, ce qui m'épargne une humiliation publique. En tête à tête, ça me suffit amplement ! La professeur, une blonde revêche affligée d'un accent allemand, me demande de jouer un morceau de mon choix. Elle fronce un sourcil désapprobateur en voyant la couleur et la taille de mon violon. Dès que les premières notes résonnent, elle fait une grimace épouvantable. « Sept ans de violon, ça ? Tout est à reprendre. » Je me doutais bien que Jean-Marc n'était pas un as et qu'il me restait beaucoup à apprendre, mais je n'estimais pas être aussi nulle.

Le cours de solfège ne se passe pas mieux. Et pour cause ! Je n'en possède pas la moindre notion, je ne sais même pas lire une partition. Pendant une heure, je ne capte strictement rien. Le professeur s'exprimerait en urdu, ce serait pareil.

Maman m'attend à la sortie et m'interroge :

— Alors, ça s'est bien passé ?

Je n'ose pas avouer la vérité.

— Oui, oui.

La semaine suivante, le professeur de solfège m'interroge, ce qui lui permet de constater la profondeur abyssale de mon ignorance. « Tu n'as rien à faire dans cette classe, il faut que tu ailles chez les débutants. Je vais écrire à tes parents pour les informer de ton changement de cours. » La panique me submerge instantanément. Ils ne supporteront pas la désillusion et préféreront me retirer du conservatoire. Je me retrouverai à nouveau claquemurée, et Maman m'en voudra plus que jamais de ne pas être à la hauteur de ses ambitions. Je supplie le professeur de m'autoriser à rester dans sa classe, en promettant d'écouter sagement et de faire de mon mieux pour suivre. Il se laisse fléchir, mais, à partir de ce jour, il cesse de me prêter attention, c'est comme si je n'existais pas.

Je finis par craquer et avoue à Maman que ça ne se passe pas bien avec la professeure de violon qui désapprouve mon violon rose et juge que je ne possède absolument pas un niveau correspondant à sept années de pratique. Ma mère pique une colère et me répond : « Elle raconte n'importe quoi ! La prochaine fois, je mets un magnétophone dans ton sac et on va l'enregistrer. »

Le vendredi suivant, nous procédons comme prévu et j'enregistre la leçon. La professeure se montre, à son habitude, très désagréable. À la fin, je la salue : « Bon week-end, madame. » Elle me jette : « Eh bien moi je ne te souhaite pas un bon week-end, va-t'en ! »

Quand elle entend la cassette, Maman entre dans une rage folle. « Puisque c'est comme ça, tu n'iras plus ! » Ce que je craignais se produit, je vais directement en prison et je ne touche pas vingt mille francs...

*
* *

Il en faudrait plus pour que Maman renonce. Elle rappelle Jean-Marc et lui demande de revenir me donner des cours à la maison, comme si de rien n'était.

Moi en revanche, j'ai bien saisi que mon professeur est, pour parler poliment, encore plus incompétent que je ne le pensais. Depuis le premier jour, je sais qu'il vient uniquement pour le chèque et se contrefiche de ce que je peux apprendre. Aussi je décide d'adopter une tactique plus offensive à son égard : je lui pose des questions techniques, lui demande de me montrer plus de choses, bref je fais ce que je peux afin de le stimuler. De plus, j'observe tous les violonistes que la télévision m'offre et j'essaie de les imiter. Je réclame également des livres pour étudier le solfège par moi-même, mais là je cale vite.

Ces efforts conjugués produisent une amélioration sensible dans mon jeu, à tel point que Jean-Marc se dit épaté par les progrès que j'ai réalisés en m'exerçant. J'ai même appris des morceaux toute seule. Du coup, il s'implique un peu plus dans ses leçons, bien qu'il n'ait plus grand-chose à m'apprendre. Je ne lui ai pas répété les commentaires de la prof du conservatoire, à quoi bon ?

Chapitre 11

LE DÉTONATEUR

On ne peut pas être mieux préparée que je le suis à entrer dans la maladie. Conditionnée, devrais-je dire. Je suis à point. Un événement banal, ou qui le serait dans une autre existence, va me faire basculer.

À l'époque de ma communion solennelle, j'attrape une angine. Maman décide de m'emmener chez le médecin, ce qui ne s'est pas produit depuis que j'avais sept ans, il y a cinq ans de cela. Nous retournons chez le pédiatre que nous avions vu après ma tentative ratée pour me faire hospitaliser. À ma tante Jacotte qui s'en étonne :

— Pourquoi pas un généraliste, Isabelle a douze ans ?

Maman rétorque :

— Mais non, à cet âge c'est encore une enfant.

Quand le médecin veut me mesurer, je fais comme à la maison, je plie les genoux. Ma manœuvre ne lui échappe pas :

— Tiens-toi droite s'il te plaît !

Puis il me fait monter sur la balance. J'attends le verdict avec angoisse.

— Un mètre cinquante et un, tu n'es pas très grande, pour trente-neuf kilos.

Ce dernier chiffre me paraît énorme. Trente-neuf kilos ? Mais c'est plus que la bouteille de gaz que Maman peine à porter sur son dos !

*
* *

En sortant du cabinet, je remonte dans la voiture pendant que Maman va acheter les médicaments prescrits par le médecin. Exceptées les vitamines pour la croissance, qu'elle se refuse à m'administrer.

Trente-neuf, trente-neuf... Le chiffre fatidique n'en finit pas de résonner dans ma tête. Je me sens très mal, comme si j'avais commis une horrible faute.

J'attends que nous soyons à la maison, au calme, pour interroger Maman.

— Tu me trouves trop grosse ?

Elle me répond par une onomatopée à laquelle je trouve un son dubitatif. Puis ajoute :

— Tu n'as qu'à manger des haricots verts, comme les danseuses.

Ah, voici qui me semble plus clair. Si elle me conseille implicitement de me mettre au régime, cela signifie que j'ai un vrai problème de poids. À partir d'aujourd'hui, je vais faire attention à ce que je mange, privilégier les aliments pauvres en calories et réduire les portions.

*

* *

Au mois de novembre, je rédige ma lettre au Père Noël. Depuis l'an dernier, j'ai compris que les cadeaux au pied du sapin sont rapportés du magasin par les parents, et non balancés dans la cheminée par un barbu vêtu d'une houppelande rouge. Mais je fais comme si j'y croyais toujours, afin de ne pas décevoir Maman qui a l'air de tenir à préserver le mythe de Noël. En tête des cadeaux que je souhaite recevoir, j'inscris : une balance.

Nous n'en possédons pas à la maison et je dois attendre d'être chez grand-mère à Noël pour pouvoir me peser. Une fois par an, c'est insuffisant quand on a des problèmes de poids comme moi. Et j'ai la joie de trouver un pèse-personne parmi mes cadeaux le 25 décembre au matin. Je me dépêche de l'essayer. Heureuse surprise : je ne pèse plus que trente-sept kilos, soit deux kilos de moins que chez le médecin. Vite, je vais le dire à Maman, toute fière.

— Tu as vu !

Elle hoche la tête en signe d'approbation. Cette fois, la machine infernale est lancée pour de bon.

De fait, peu à peu tout me dégoûte. Une scène me marque particulièrement. Alors que cet hiver-là il fait très froid, je suis en train de regarder à travers la fenêtre Maman essayant de nourrir les dernières poules qui nous restent. Et là, une nausée me monte aux lèvres : elle leur donne du quatre-quarts et... de la viande ! Je suis dégoûtée.

*
* *

Maman a reçu une lettre du pédiatre qui l'a mise en fureur. Il lui propose une consultation gratuite pour moi. Elle me dit :

— Il a dû voir qu'il y a quelque chose qui ne tourne pas rond dans ta tête.

Je perds encore un kilo avant le carême. Je me pèse tous les matins au saut du lit, et plusieurs fois durant la journée pour voir comment mon poids évolue en fonction de ce que j'absorbe. Dans le même esprit d'expérimentation, je place la balance sur différents revêtements de sol (parquet, carrelage, moquette) afin de repérer celui sur lequel je pèse le moins.

Lorsque Maman me permet de l'accompagner à l'hypermarché, je fauche une bouteille de Konjac. Elle renferme une sorte de poudre à diluer dans un verre d'eau et à absorber une demi-heure avant les repas pour couper l'appétit. C'est tellement mauvais que je ne l'utilise pas tous les jours. Mais je l'utilise quand même.

*
* *

Pendant le mois de juillet suivant, Maman reprend une petite fille de quatre ans par l'entremise du Secours Populaire. Je m'entends bien avec Émilie, trop contente d'avoir de la compagnie. Mon attitude est celle d'une grande sœur, mais je ne peux m'empêcher de regarder avec envie ses petits vêtements. Je veille à manger des portions égales aux siennes, toutefois je remplace les féculents par des légumes verts. Je fais également beaucoup d'exercice *indoors,* continuant à monter et descendre l'escalier aussi vite que possible. Émilie m'imite, et cela devient un jeu qui nous fait beaucoup rire.

À nouveau, Maman nous achète les mêmes tenues, et bien sûr je me trouve monstrueusement grosse à côté de la petite fille. Maman s'emploie également à m'évincer auprès d'elle mais elle n'y arrive que partiellement. Début août, quand Émilie nous quitte, je suis descendue à 34 kg.

*
* *

Ces kilos, je ne les perds pas pour des raisons esthétiques. Je ne me suis jamais trouvée jolie, sauf en Rébecca, et l'amaigrissement n'y change rien. J'évite de me regarder dans le miroir quand je suis nue, mon corps me fait honte, je ne veux pas voir les signes de la métamorphose qui commence à s'opérer.

Petit à petit, je cesse même tout à fait de manger. D'abord je ne me mets plus à table, ensuite j'invente une technique pour remplacer l'absorption normale de la nourriture. Elle consiste à mâchouiller une petite bouchée, puis à la recracher avant de l'avaler. Après, je me rince la bouche à l'eau ou au Coca light et je me brosse soigneusement les dents, pour être sûre d'éliminer la moindre trace de nourriture, la plus infime calorie. Évidemment, je préfère ne pas avoir de témoin quand je me livre à ce répugnant processus. Il me permet de calmer la faim sans pratiquement rien absorber. Dès que je sens le goût de l'aliment dans ma bouche, mon estomac arrête de me tirailler. Je ne m'autorise à avaler que du lait écrémé et la bordure d'un carré de chocolat que je grignote à petits coups de dents comme une souris. Tout le reste, je le recrache.

*

* *

Vers le mois de septembre, Maman finit par se rendre compte qu'il y a un problème. Elle s'en prend à la balance, qu'elle m'a pourtant offerte, et la fracasse contre la porte des toilettes au cours d'une violente colère.

Peu m'importe. Puisque je suis dépossédée de ma chère balance, je vais me soumettre à un régime encore plus draconien afin d'être absolument sûre que je ne regrossirai pas d'un gramme. Mon but est de reprendre le contrôle de mon existence, de le soustraire à celle qui l'a exercé – avec quel soin jaloux ! – depuis ma naissance. Je maîtrise mon alimentation pour sculpter mon corps à ma guise, pour devenir ma création et ne plus être la créature de ma mère.

En même temps et aussi contradictoire que cela puisse paraître, c'est pour lui plaire que je m'astreins à ces privations. Car tout ce que je fais s'adresse à elle, pour qu'elle continue à m'aimer en dépit des forces à l'œuvre dans mon anatomie, et pour échapper à son emprise asphyxiante. Je ne peux vivre ni avec elle ni sans elle.

*
* *

La dénutrition commence à produire ses effets : une fatigue persistante me rend amorphe, j'ai la tête qui tourne et les oreilles qui se bouchent.

Maman se plaint de mon manque d'appétit au cours de l'une de ses conversations téléphoniques avec ma tante Jacotte. Celle-ci, qui travaille comme aide-soignante dans un hôpital et possède quelques notions médicales, s'alarme de mon état :

— Ta fille fait une anorexie, attention c'est une maladie très dangereuse qui touche beaucoup d'adolescentes.

— Mais Isabelle n'est pas encore arrivée à l'adolescence, c'est pour plus tard !

Maman se renfrogne, une moue dubitative sur le visage. Elle va néanmoins jusqu'à chercher la signification du mot anorexie dans le dictionnaire qui la définit comme une perte d'appétit. Et là, elle décrète, contre toute logique, que je ne suis pas atteinte d'anorexie car je n'ai pas perdu l'appétit, mais je refuse de manger.

C'est alors que ma grand-mère se mêle de la conversation de la façon la plus catastrophique qui soit :

— Jacotte m'a parlé d'une jeune fille anorexique qui a guéri quand sa mère est morte.

S'il y a une chose que ma mère ne peut pas entendre, c'est la mise en cause du rôle de la mère dans la survenue de la maladie ! Elle se tourne vers moi, l'air éploré des grands jours de tragédie tirant ses traits :

— Tu veux ma mort, hein, c'est ce que tu veux !

*

* *

Le jour de mon anniversaire, Maman m'emmène déjeuner au restaurant. Je refuse de manger l'assiette de frites qu'elle a commandée pour moi, ce qui la met dans tous ses états. Force est de constater que je vais de mal en pis. Bien entendu, il n'est pas question que je consulte un psychiatre ni même un médecin. C'est Maman qui rédige l'ordonnance :

— Il faudrait que tu fasses du sport, un esprit sain dans un corps sain, voilà la solution.

Joseph s'inquiète enfin. Il persuade Maman qu'il faut agir. Ils m'embarquent dans la voiture sans me dire où ils m'emmènent. La voiture roule pendant un bon moment, sort du village et au lieu de bifurquer vers l'hypermarché, prend une autre direction. Elle s'arrête devant un grand bâtiment de béton signalé par une croix blanche, c'est l'hôpital. Le Gouen me désigne l'entrée des urgences :

— Là ils vont te forcer à grossir !

C'est la pire menace pour une anorexique, l'argument massue. Je promets donc tout ce qu'on veut. Effectivement, je remange un peu pendant deux jours.

Puis je retombe dans mon ornière famélique. Je mâchouille et je recrache, même les céréales Spécial K. Maman ne dit rien tant qu'elle me voit grignoter ma bordure de carré de chocolat. Il n'est toujours pas question de consulter un médecin ou même de demander conseil. Le sport, espère-t-elle, suffira à résoudre le problème. Ou plutôt à le dissoudre, comme par magie.

*
* *

Ce que j'ai gagné grâce à la maladie, c'est le droit de sortir pour aller à la danse et au patinage artistique. Malgré mes treize ans, je suis inscrite au cours débutant, où je me retrouve avec des enfants de sept à huit ans en majorité, plus quelques-uns de dix ans. Je les dépasse d'une tête, mon corps paraît énorme, disproportionné par rapport aux leurs.

Par une de ces bizarreries qui n'appartiennent qu'à elle, Maman continue à me couvrir le visage d'écharpes pour aller à la patinoire, mais m'autorise à les enlever à l'intérieur. Pourtant il fait beaucoup plus froid sur la glace que dans la rue.

Faire du sport se révèle difficile pour mon organisme dénutri. À la patinoire, j'ai tout le temps froid et mal aux jambes. À la danse, je manque de tomber dans les pommes. La prof somme alors ma mère de choisir entre son cours et le patinage, puisque visiblement je n'ai pas l'énergie nécessaire pour pratiquer les deux. Elle s'inquiète également de mon excessive maigreur, prononce le mot d'anorexie et conseille à ma mère de me faire examiner par un spécialiste. Le résultat de cette conversation n'est pas bien compliqué à deviner : Maman décide que je dois laisser tomber la danse et continuer le patinage.

Mais pour pratiquer ce sport plus intensément, une visite médicale s'impose. Quelqu'un va-t-il se rendre compte de mon état ? Hélas !, non. Et pour cause, le médecin croit Maman lorsqu'elle lui assure que je mange mieux quand je vais à la patinoire et insiste pour obtenir le fameux document. En outre, ami de Bobby, le généraliste passe plus son temps à parler du chanteur qu'à m'ausculter avec minutie. S'il recommande de surveiller que je ne me pèse pas en permanence, s'il me trouve plutôt « maigrelette », il délivre le certificat sans autre conseil.

L'abandon de la danse ne m'affecte pas, car seule compte à mes yeux la possibilité de sortir et de fréquenter d'autres enfants, quoique ma timidité me handicape pour nouer des relations. Jusqu'au mois de mai, où la patinoire ferme pour ne rouvrir qu'à la mi-septembre.

*

* *

Le retour à l'enfermement est d'autant plus terrible que j'ai bénéficié d'un régime plus libéral ces derniers mois. Pour y échapper, je demande à aller à la piscine. Le Gouen m'y emmène. Comme je ne sais pas nager, il propose de m'apprendre. Je suis mal à l'aise, à moitié nue dans ce maillot de bain qui me colle à la peau dès qu'il est mouillé et révèle mon corps plus qu'il ne le dissimule, exposée aux regards de tous et à celui de Le Gouen. Le contact de ses mains pendant qu'il guide mes membres transforme la leçon de natation en moment pénible. Pourtant j'aime l'eau et le sentiment de légèreté qu'elle me donne.

*

* *

Maman semble avoir renoncé à me confiner complètement, comme si elle culpabilisait à cause de ma maladie. Petit à petit, elle commence à m'enlever les épaisseurs d'écharpes, jusqu'à enfin renoncer à la dernière. Pendant les vacances, elle m'emmène à Giverny visiter la maison et le jardin du peintre impressionniste Claude Monet. C'est la première fois que je vois un tableau en vrai, pas en reproduction dans un livre ou un magazine. J'ai toujours été attirée par les impressionnistes, ces peintres en quête de lumière qui les premiers ont osé planter leurs chevalets en pleine nature.

Après avoir fait le tour du jardin, Maman propose d'aller au salon de thé qui jouxte le musée pour goûter. Comme c'est cher, elle commande une seule crêpe pour nous deux. Les rares fois où elle m'a emmenée au restaurant ou à la crêperie, elle a toujours procédé de même : je dois partager son assiette. En l'occurrence, ça m'arrange. J'adore les crêpes, et celle que l'on nous sert à Giverny est particulièrement appétissante avec son parfum d'orange.

Normalement je devrais en avoir l'eau à la bouche, mais ce n'est pas le cas. Le regard de Maman pèse sur moi. Je ne m'autorise qu'à en goûter un petit morceau. Tant que je le garde dans ma bouche, tout va bien, j'apprécie sa saveur douce et fondante. Les choses se gâtent quand j'essaie de l'avaler. Ma gorge se serre, la bouchée se transforme en masse compacte et dure qui refuse de descendre. Je tente de déglutir sans succès, j'ai l'impression d'avoir un bouchon dans l'œsophage, ou un cafard, ou une grosse mouche aux ailes bleues. Si seulement je pouvais déloger cette saleté et nettoyer mon conduit, il me faudrait un goupillon comme ceux qu'on utilise pour nettoyer les biberons. La petite bouchée finit cependant par se frayer un chemin jusqu'à mon estomac. Hors de question que je me risque à en prendre une seconde.

*
* *

Je voudrais avoir envie de manger, pouvoir me nourrir suffisamment pour ne pas me sentir perpétuellement fatiguée. Mais ce qui était, il y a quelques mois encore, une activité simple et naturelle s'est muée en épreuve. Et je n'arrive pas à faire marche arrière, une force plus puissante que ma volonté m'en empêche.

Chapitre 12

Un silence de mort

Ma maladie est en quelque sorte entrée dans l'ordre des choses. Pour Le Gouen, elle fournit un sujet de conversation inépuisable, qui lui permet d'endosser le costume de la victime. Car c'est lui que l'adversité frappe, n'étant moi-même finalement qu'un support.

À sa manière, Maman instrumentalise elle aussi mon anorexie. La voici avec une bonne raison de s'inquiéter. Pas au point de m'emmener chez un médecin, puisque depuis la virée dissuasive devant l'hôpital il n'en est plus question. Elle se contente de se lamenter sur son malheur de mère dévouée affligée d'une enfant malade. Une fois de plus, je suis reléguée au second plan.

*

* *

La réouverture de la patinoire, en septembre, me permet de retrouver mon échappatoire glacée. Parmi les enfants de mon groupe, une petite fille de neuf ans prénommée Maud a le contact facile et, quoique j'ai quatre ans de plus qu'elle, nous devenons camarades. Pendant que nous patinons, son père et Le Gouen lient connaissance. Maud m'invite au cinéma, ce qui représente une grande première pour moi. Nous allons voir un dessin animé de Walt Disney, *Aladdin*. Une autre fois, elle me convie à goûter chez elle, avec Le Gouen qui m'emmène. Il monopolise la conversation et se répand en plaintes sur mon refus de m'alimenter et ma maigreur. Moi qui me réjouissais de cette sortie, me voici très mal à l'aise. Quand il me faut avaler la crêpe que l'on m'a servie, c'est une véritable torture. Je mâche longuement chaque bouchée, pourtant j'ai l'impression de devoir avaler du verre pilé.

*

* *

La patinoire ménage d'autres rencontres. Des jeunes, pour beaucoup issus des cités environnantes de la région, viennent s'y retrouver. Les garçons draguent avec la délicatesse d'une pelleteuse, leurs interpellations graveleuses et leurs sifflets stridents résonnent sur la glace. À ce que j'entends dire, il n'est pas rare que les toilettes de la patinoire servent d'abri à la consommation de leurs amours éphémères.

Je les observe de loin, comme une espèce exotique et possiblement dangereuse ; je me sens à des kilomètres de leur monde et c'est très bien comme ça. Ce que je sais des garçons en général tiendrait sur l'ongle de mon petit doigt. En guise d'éducation sexuelle, je n'ai eu que les contes de fée lus par Maman et les ébats, vus à distance, d'Olivia et Lulu, nos caniches. J'en ai déduit qu'on fabrique les bébés en se frottant le bas-ventre et qu'il faut attendre le Prince Charmant en restant sage.

*

* *

Mes incursions à la patinoire, deux fois par semaine pour les cours, ont un goût de trop peu. Ce que je veux, c'est que Maman me permette d'aller aux séances libres, ouvertes à tous, ce qui me donnerait l'occasion de côtoyer des adolescents de mon âge ou plus. Pour m'acheter un peu de liberté, je mets au point un système de « points de gentillesse » inspiré du permis à points des automobilistes. Si je me montre très obéissante, très disciplinée, que je mange mieux, je gagne des points que je peux convertir dans la réalisation de souhaits, par exemple aller trois ou quatre fois par semaine aux séances libres. Maman se laisse convaincre sans difficulté car elle apprécie la docilité dont je fais preuve et la pratique du sport m'oblige à m'alimenter un minimum pour être capable de mettre un patin devant l'autre.

*
* *

Deux filles, respectivement âgées de quatorze et quinze ans, deviennent mes copines. Estelle, celle qui a quinze ans, m'invite. Sa mère travaille dans une usine de cosmétiques et rapporte des tas de produits de maquillage avec lesquels nous nous amusons à nous faire belles. Estelle me propose de m'en vendre au prix de gros. Je n'ai pas d'argent personnel puisque je donne toujours tout ce que je reçois à mes parents, mais la tentation est si forte que je pique cent francs dans le sac de Maman pour m'offrir un gloss, un rouge à lèvres, un blush et un Rimmel.

Je voudrais bien me maquiller avec les produits qu'Estelle m'a vendus, mais j'entends d'ici les réflexions de Maman. « C'est vulgaire. Tu es trop petite pour ça, tu as tout le temps de devenir grande. » Alors j'attends qu'elle sorte et, une fois seule dans la maison, je me dessine un œil de biche et une bouche de poupée. Puis j'enlève tout avant qu'elle rentre.

*
* *

L'enfance heureuse

Insouciante, je viens de naître
dans une famille heureuse.
Le sommeil du bonheur.

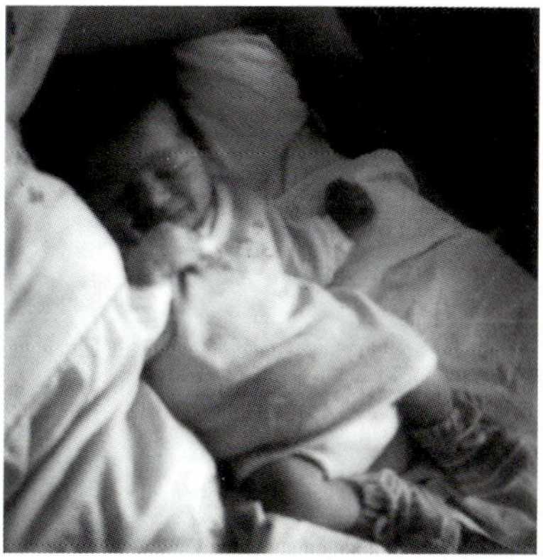

Crayons de couleur, gros ours aux bras accueillants,
je pose devant l'objectif de mes parents.
Tout va encore bien.

En ce temps de l'insouciance,
la famille a le moral au beau fixe.
Dans ce jardin bien entretenu,
je joue avec mon papa.

J'ai toujours aimé les animaux.
Et, dès l'enfance, les chats m'ont fascinée.

Comme un elfe dans un rayon de soleil,
j'aime ce coin de forêt où je découvre
les joies de la nature.

La petite fille qui ne de

Dans l'esprit de Maman, quelque chose est en train de changer. Alors que je grandis, les Noël m'apportent des cadeaux d'enfant bien plus jeune. Ici un téléphone de bébé pour une fillette de 7 ans passés.

Moi je grandis, mais mes vêtements doivent rester ceux d'une fillette. D'où ce pantalon un peu court et ces chaussures trop serrées.

Je dois devenir une grande violoniste. Ainsi en ont décidé mes parents qui, devant mes grands-parents, m'offrent un instrument à ma taille.

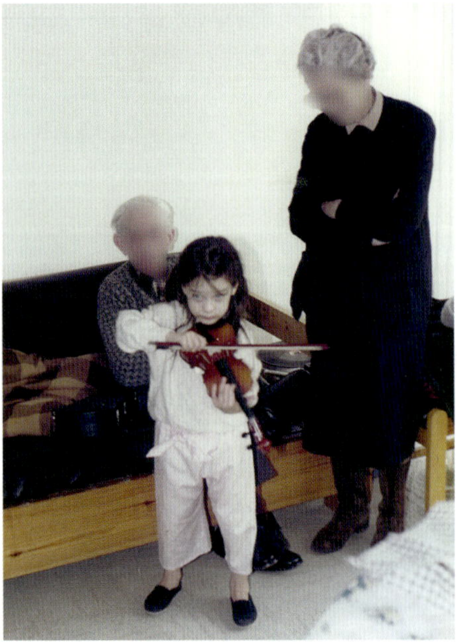

vait pas grandir

Comme Maman sombre,
elle me surprotège.
Et j'entends toujours le même refrain : je ne dois pas tomber malade. Alors, quand je joue dehors, même par beau temps, je dois être emmitouflée comme en plein hiver.
Plus tard, on cachera mon visage avec des écharpes puis je n'aurai plus la possibilité de sortir.
La petite fille ne doit pas grandir.

Le jardin si bien soigné d'autrefois va peu à peu retourner à l'état sauvage.
Les animaux vont proliférer et le fond du terrain se transformer en dépotoir et casse improvisés.
La dérive des sentiments va avec celle de l'entretien.

Le drame de l'anorexie

C'est à la puberté, vers 12 ans, pour plaire inconsciemment à ma mère qui refuse de me voir grandir, que je me mets à cesser de manger. Sur ce manège, quelques années plus tard, on perçoit bien les ravages du mal.

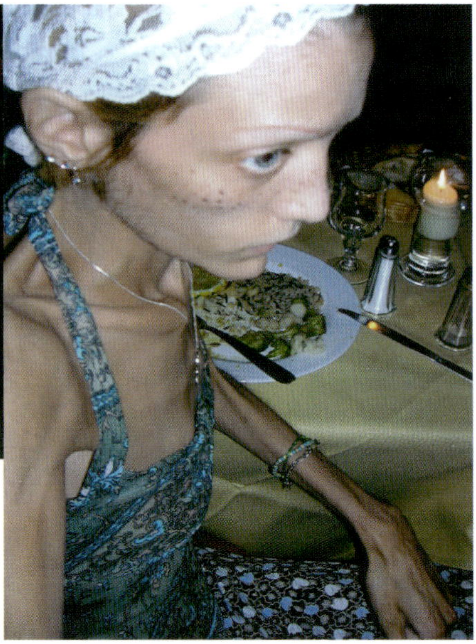

Il m'arrive de manger, même si on ne le croirait pas en me voyant. L'anorexie, que mes parents n'ont pas voulu admettre pendant des années, est une souffrance de chaque instant, une maladie contre laquelle il faut lutter.

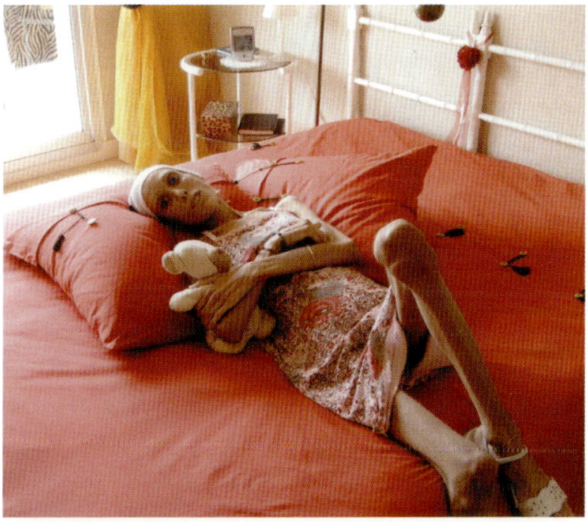

Cette image est très dure,
je le sais. 25 kilos, le poids plume
d'un drame profond.

La soif de m'en sortir et
la faim de vivre sont mon moteur.
Pour m'extraire d'un univers familial
étouffant, j'ai réussi à faire des
études, pris des cours de théâtre...
Cet autoportrait, malgré la gêne
qu'il peut procurer à certains,
je l'aime. Parce que mon maquillage
taches de rousseurs évoque
les poupées que maman aimait, les
poulbots qu'elle peignait ainsi que
mon actrice fétiche Isabelle Huppert.
Et aussi parce que je souris.

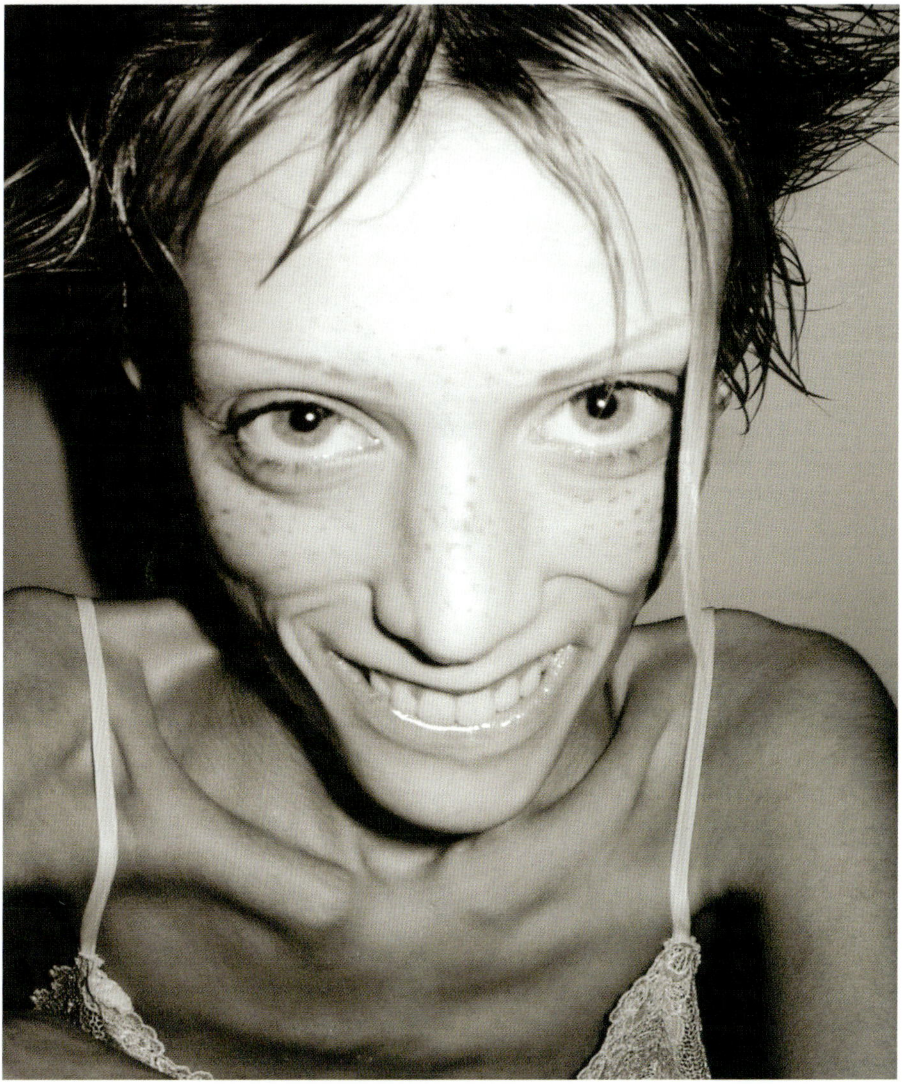

Sur les planches et devant les médias

En commençant le cours Florent, célèbre école de théâtre parisienne, j'ai découvert le bonheur d'être sur la scène, d'incarner d'autres personnages que moi-même et une famille qui m'accepte comme je suis.

Suite à différentes émissions de télévision et à la campagne de publicité pour la marque italienne Nolita – où j'ai posé nue sous l'objectif du photographe Oliviero Toscani afin de dénoncer l'anorexie –, on m'a demandé à de nombreuses reprises de témoigner des dangers de cette maladie. Ce que je fais volontiers, en France comme ici avec *Libération*, ainsi qu'à l'étranger et notamment aux États-Unis.

© Sandy Higgins

L'espoir

Aujourd'hui, même si tout n'est pas réglé évidemment – ma silhouette fragile en témoigne –, je reprends peu à peu espoir. Et je vois l'avenir avec plus d'optimisme. Mon combat contre l'anorexie, les quelques rôles que j'ai joués dans des pièces, ces séances photos, témoignent d'une évolution. Comme mon moral,
mon poids aussi grimpe peu à peu : 33 kilos.
Mais la route sera longue, je le sais.
La petite fille qui ne voulait pas grossir prend goût à l'existence, c'est déjà une victoire.

Chaque fois que je reviens de la patinoire, Maman me soumet à un interrogatoire pour savoir ce que m'ont dit les autres filles. Il lui suffit d'un bout de phrase ou parfois d'un mot pour élaborer des scénarios à propos de mes camarades. Si l'une se plaint de ne pas avoir vu son père depuis des mois, elle commente : « Si ça se trouve, il est en prison mais il ne veut pas qu'elle le sache. »

Mes copines me disent souvent que je suis trop maigre et que je devrais manger plus. Au lieu d'entendre leurs remarques comme des critiques, je les perçois comme des compliments. Maman a toujours valorisé le sacrifice, la privation et la maigreur. Donc « Tu es trop maigre » sonne à mes oreilles comme « Tu as su résister à la tentation et te contrôler. » Ce que pensent les autres filles, quoiqu'elles semblent plus heureuses que moi, m'est absolument indifférent, seule l'opinion de ma mère compte.

De toute façon, quoi que je fasse, une différence insurmontable nous séparera toujours, elles et moi. Je ne peux pas raconter la vie qui a fait de moi une sorte de handicapée sociale. J'ai grandi de l'autre côté du miroir, du mauvais côté. On ne peut pas le traverser dans ce sens-là, je m'en rends compte maintenant que je fréquente celles qui ont eu la chance de rester du bon côté. J'ai besoin des autres, je voudrais aller vers elles mais j'ai toujours l'impression qu'une distance immatérielle nous sépare et que je ne peux entrer en contact, comme si j'étais emprisonnée dans une membrane isolante.

*

* *

Au début de l'été 1996, un événement terrible se produit : ma tante Jacotte se jette sous un camion. Le médecin venait de l'autoriser à quitter l'hôpital psychiatrique où elle avait été internée à sa demande et lui avait prescrit un nouveau traitement antidépresseur en test.

Le Gouen se trouve en Bretagne pour installer un émetteur radio. C'est lui qui va reconnaître le corps, afin d'épargner un horrible spectacle à ma grand-mère, trop fragile, ou de devoir attendre la venue de mon oncle qui habite encore plus loin que nous. Maman est dévastée, mais elle n'ose pas m'avouer la vérité que je devine en voyant son visage raviné par la douleur et les larmes. Elle me raconte que Jacotte est dans le coma, rien de plus. Elle part dès le lendemain, une petite valise pleine de vêtements noirs à la main. J'aurais aimé l'accompagner, la soutenir dans ce moment si douloureux et aussi pouvoir dire adieu à Jacotte qui s'est toujours montrée gentille avec moi. Mais non, ce n'est pas possible, il faudrait énoncer la mort, ce dont elle est incapable.

*
* *

Le Gouen l'accompagnant, il n'y a pas trente-six solutions pour me faire garder : Bobby Hawk m'accueille chez lui pendant deux jours. Ou plutôt Doris, sa mère, car lui, je l'entrevois à peine cinq minutes.

Melinda me montre sa chambre, ses disques, ses placards pleins de vêtements à la dernière mode, ses bijoux et ses produits de beauté. Elle vit au paradis et elle ne le sait même pas.

Melinda insiste pour que nous allions à la fête foraine qui a installé ses manèges à deux kilomètres de la propriété. Je pense à l'enterrement qui doit se dérouler en ce moment même et je culpabilise. Mon amie ira sans moi au bal ce soir.

Doris nous cuisine des petits plats. Je me force à en manger pour ne pas être impolie mais j'ai du mal à dépasser les trois bouchées. Ensuite je me sens toute ballonnée, j'ai l'impression que mon ventre a démesurément gonflé. Pour un peu, je souhaiterais réintégrer la maison familiale où je suis libre de n'avaler que ce que je souhaite ou de recracher.

Chapitre 13

Levée d'écrou

À la patinoire, j'ai entendu des filles discuter des moyens de ne pas grossir. L'une d'elles disait qu'elle se faisait vomir en se mettant les doigts dans la gorge. Une idée géniale, je ne l'aurais pas trouvée toute seule. Je m'empresse de la mettre en pratique. C'est plus facile que je ne pensais. Mon estomac a déjà une tendance naturelle à se retourner pour un rien, il lui suffit donc d'un peu d'aide pour renvoyer son contenu. Désormais je vais vomir dès la fin de mes « repas ». Le plus souvent, l'envie de larguer ce que je viens d'ingérer me saisit sur le chemin des toilettes, je n'ai même pas besoin d'aider le processus.

Je ne garde que des petites quantités de denrées énergétiques, genre la bordure d'un carré de chocolat, dans le seul but de fournir à mon organisme l'énergie nécessaire pour fonctionner. Je juge de la légèreté d'un aliment au poids, non au nombre de calories.

Depuis que Maman a fracassé ma balance, j'ai adopté une autre façon de contrôler mon poids : à l'aide d'un mètre de couturière je mesure la circonférence de mon bras, à l'endroit que l'on nomme le gras du bras chez les autres. Chez moi, évidemment, cette appellation paraîtrait inadéquate.

Maman a acheté un canapé-lit pour le salon. Nous y dormons toutes les deux, car j'en ai assez d'avoir mal au dos à force de dormir pliée en quatre sur l'espèce de banquette en rotin qui a remplacé le lit à barreaux dans ma chambre. Parfois elle me couvre de baisers comme si elle voulait me dévorer, et cela me met mal à l'aise.

Elle tente aussi de me faire manger mais s'y prend mal. Les monceaux de nourriture qu'elle pose devant moi, certains jours, dans l'espoir de me tenter, me révulsent. Alors elle prend une bouchée par-ci, une bouchée par-là afin de me montrer l'exemple et me donner envie de l'accompagner. Dans le meilleur des cas je picore quelques bribes, à peine une ration de moineau. En revanche, j'adore la voir manger, je voudrais bien qu'elle s'alimente plus, elle est trop maigre, ça m'angoisse. Alors il m'arrive de lui cuisiner un petit plat et de la regarder le déguster. Un spectacle merveilleux dont je ne me lasse pas.

*
* *

L'anorexie malmène mon système digestif et je m'habitue aux douleurs plus ou moins diffuses qui s'y installent.

Néanmoins, vers l'âge de quatorze ans, des crampes plus fortes et plus durables me font suspecter la survenue imminente d'un événement qui marquera irrévocablement la fin de mon enfance. Une trace rouge au fond de ma culotte confirme mes craintes. Mes premières règles sont là.

Je ne me sens pas le courage d'annoncer la mauvaise nouvelle à Maman. Dans mon malheur j'ai la chance que le flux ne soit pas trop important et je me débrouille avec les moyens du bord, papier-toilette et Kleenex.

Mais trois mois plus tard, quand elles reviennent, je suis bien obligée d'avouer ce qui m'arrive pour que ma mère me procure des serviettes hygiéniques. « Les tampons, c'est vulgaire », dit-elle. Pour les introduire, il faudrait toucher son sexe, et ça, c'est une chose sale, interdite, même pour se laver, c'est Maman qui me l'a appris. On passe la savonnette très vite, ou le gant de toilette, mais on ne touche pas avec les doigts.

Je redoutais la réaction de Maman, finalement elle ne prend pas les choses trop mal. « Tu les as eues tard, c'est bien, il y a des filles qui sont réglées à dix ou onze ans. » Si seulement j'avais pu attendre plus longtemps, ou ne pas les avoir du tout !

La transformation de mon corps qui survient me terrorise. J'aplatis mes seins en les comprimant avec un haut de maillot de bain trop petit que je porte sous mes vêtements. Quant aux poils qui enlaidissent mon pubis, je leur applique une solution radicale : le rasoir. La mousse me pique, la lame me râpe, mais je mène l'opération à son terme. Je veux retrouver mon ventre de petite fille, net et pur.

*

* *

Les affaires de Le Gouen, précaires par nature, périclitent franchement en cette année 1997. Le dépôt de bilan de sa société nous laisse sans ressources autres que le RMI, car en tant que gérant de SARL mon beau-père n'a pas droit aux allocations chômage. À la dépression qui l'engloutit vient s'ajouter un cancer de la peau sous la forme d'un mélanome qui lui vaut deux opérations, distantes de quelques mois. Évidemment, ces ennuis de santé n'améliorent guère son humeur. Il se plaint constamment et pleurniche sur son sort. J'ai si peur pour lui qu'un psoriasis, dont je souffre encore aujourd'hui, se déclenche chez moi à ce moment.

Nous n'avons certes jamais roulé sur l'or, mais là c'est la misère. Je porte les mêmes vêtements pendant un an, il en est de même pour Maman ; heureusement que ma croissance est pratiquement terminée. Il n'y a plus d'argent pour la patinoire, ni même pour les cours du CNED. Maman trafique mes devoirs afin que ma scolarité paraisse normale. Je ne sais pas comment elle se débrouille, mais elle parvient toujours à maintenir une façade assez cohérente pour berner le monde extérieur.

*
* *

En dépit de nos difficultés financières, il n'est pas question que j'arrête le violon, car mes parents m'imaginent encore promise à un glorieux avenir musical. Ma grand-mère envoie de l'argent pour que je continue les cours, non plus à la maison avec Jean-Marc mais à Paris au conservatoire Rachmaninov.

Au milieu de la grêle de tuiles que nous subissons, c'est une éclaircie bienvenue. Je n'ai pas à subir les mêmes avanies qu'au conservatoire national, parce que j'ai fait quelques progrès et parce que les professeurs sont beaucoup plus sympas. Je suis toujours fâchée avec le solfège mais j'arrive à déchiffrer, laborieusement il est vrai, les partitions. Le conservatoire Rachmaninov a même la bonté de m'octroyer un diplôme à la fin de l'année, qui agit comme un baume cicatrisant sur la blessure laissée par mon passage au conservatoire national.

L'été arrive. Quand nous sommes allées rendre visite à Le Gouen à l'hôpital Saint-Louis à Paris, j'ai remarqué dans le métro un violoniste qui faisait la manche à l'entrée d'un quai. Le fond de l'étui à violon disposé devant lui était constellé de pièces, il y avait même quelques billets. D'où l'idée d'en faire autant, mais à ciel ouvert parce que c'est plus agréable, dans le but de renflouer les finances familiales et d'offrir un cadeau à Maman pour son anniversaire. Mes parents m'emmènent au Quartier latin. Je joue à la terrasse des cafés, rue Saint-André-des-Arts, place Saint-Michel, rue de la Huchette, etc. Dans mon étui, je place un petit mot sur lequel j'ai inscrit, en lettres bâtons : « Pour faire un cadeau à ma mère. » Je n'ai pas envie qu'on pense que je mendie pour boire ou me droguer ; je fais la manche pour des besoins légitimes. Les gens qui sirotent un soda, assis sur le trottoir, semblent apprécier mes aubades. Ce n'est pas exactement la glorieuse carrière de virtuose espérée par mes parents mais le rendement de ces expéditions s'avère étonnamment productif. Je leur remets tout l'argent récolté, sans garder un centime pour moi la première année, très contente de pouvoir contribuer aux frais de la maison.

*

* *

Mon dix-septième anniversaire approche, et avec lui la perspective du baccalauréat se profile à l'horizon. Maman veut absolument que je l'obtienne mais ne se sent pas les capacités d'assurer ma réussite en continuant à me scolariser à la maison. Elle décide donc de me faire entrer au lycée de Fontainebleau en début de classe de première, afin que je prépare le bac français dans les meilleures conditions. Une fois de plus, elle se débrouille pour contourner les règles et parvient à obtenir du proviseur que je suive uniquement les cours de français.

Mon entrée dans le système scolaire normal, mon vœu le plus cher depuis treize ans, ne se passe pas comme je l'espérais. Les élèves et leurs parents voient d'un mauvais œil cette intruse qui a réussi à se faire dispenser du cursus auxquels eux-mêmes ne peuvent déroger. Je ne vais au lycée que trois heures par semaine, mes occasions de contact avec mes condisciples sont réduites.

En même temps, je suis inscrite au conservatoire national de Versailles de façon à pouvoir passer un bac option musique.

Je bûche d'arrache-pied, ce qui me permet de décrocher de bonnes notes à l'examen de français et d'être admise au lycée Lamartine à Paris pour y effectuer ma terminale.

*
* *

Les cours commencent à huit heures, et les retardataires trouvent porte close. Je dois donc partir très tôt, à six heures trente au plus tard, de manière à être sûre de ne pas me cogner le nez. L'ambiance n'est pas très chaleureuse. Les autres élèves sont majoritairement issus de familles parisiennes et bourgeoises, pour la plupart ils se connaissent car ils ont déjà fait une partie de leur scolarité ensemble. Ils ne font donc pas attention à moi, et ma timidité m'empêche d'aller vers eux. Je me sens une étrangère et je rase les murs.

À cause de mes lacunes en solfège, je n'ai pas réussi à intégrer le conservatoire de Paris, je continue donc à fréquenter celui de Versailles. Entre les cours à Paris, le conservatoire à Versailles et la maison d'Arbonne-la-Forêt, je suis contrainte à d'incessantes allées et venues qui transforment mes journées en un épuisant marathon. Je pars à six heures trente et suis rarement rentrée avant vingt et une heures trente, voire vingt-deux heures. Pendant les heures de transport, j'étudie. Je me nourris de bribes de sandwichs parce qu'il faut bien que je fournisse à mon organisme de quoi endurer ce rythme infernal. De toute façon, je ne grossis pas tellement je me démène.

*

* *

Le lycée Lamartine accueille plusieurs options artistiques, les danseurs et les comédiens y sont aussi nombreux que les musiciens. J'ai droit à quelques remarques sur ma maigreur, pourtant je n'ai pas l'impression d'être plus mince que les danseuses croisées dans les couloirs de l'établissement.

Les élèves de ma classe de philo me détestent à cause de mes notes élevées, 17 en moyenne. Cette matière me passionne et le prof s'intéresse à moi. Je me sens comme une plante rabougrie par la sécheresse qui reçoit enfin une averse bienfaisante et déplie ses feuilles.

*
* *

L'année passe ainsi, dans une sorte de brouillard de fatigue et de stress où j'ai l'impression de courir après un but invisible. L'examen arrive enfin et je m'en sors de façon tout à fait honorable. Sauf pour l'épreuve finale de violon, lors de laquelle une violente crise de trac me fait perdre tous mes moyens. Essayez de jouer du violon avec les mains qui tremblent ! C'est catastrophique pour le son.

Collée en juin, je bûche tout l'été pour la session de septembre. Il faut absolument que je réussisse sinon Maman sera tellement déçue que je n'aurai plus qu'à mourir. Je consulte également un médecin qui me prescrit des vitamines et des fortifiants, ma crise de trac ayant été amplifiée par les carences en sels minéraux dues à l'anorexie. Cette fois, je décroche le diplôme tant convoité, grâce à mes excellentes notes en violon, en histoire de l'art et en philo qui rattrapent un minable 7 en maths.

*
* *

Mais ce n'est pas ce que je garde de plus mémorable du lycée. Moi qui n'ai jamais vu une pièce autrement qu'à la télévision, je découvre le théâtre en classe littéraire. C'est le coup de foudre, total et définitif, la grande révélation qui dissipe les brumes de l'incertitude et dessine un avenir. Voilà ce que je veux faire, m'évader de moi-même pour devenir un personnage. Un peu ce que je faisais avec Rébecca, mais en beaucoup mieux. Au revoir le violon, bonjour les planches ! À moi la magie des mots et le frisson de l'entrée en scène, quand je franchis la frontière qui sépare deux mondes. C'est un tel soulagement de quitter ma peau pour me glisser dans celle de la créature imaginaire enfantée par l'auteur. Tout ce que demande le rôle, je me sens autorisée à le faire. S'il fallait manger sur scène, j'en serais probablement capable. Mon corps même me semble différent, les sensations que j'éprouve changent radicalement.

Plus question que j'étudie la musicologie, je veux passer un DEUG de cinéma. Si ça ne plaît pas à Maman, je m'en fous. À peine cette pensée surgit-elle dans mon esprit que je réalise son importance. Pour la première fois de ma vie, je me sens prête à braver l'avis maternel. Je n'en reviens pas !

Cet été-là, je suis plus motivée que jamais pour jouer du violon aux terrasses des cafés, entre deux séances de révision, car j'ai décidé, en complément de la fac, de faire une école de théâtre. En deux mois je ramasse environ trois mille euros, la somme nécessaire à mes projets. Enfin j'ose prendre ma vie en main.

Chapitre 14

RECHERCHE DE PATERNITÉ

Pendant ce fameux été du bac, Maman décide de faire du rangement dans la maison. Ce n'est pas du luxe, parce qu'elle conserve un monceau de choses inutiles. Ainsi le reste de la bûche du dernier Noël attend, sur une étagère, le prochain réveillon pour rejoindre la poubelle. Elle déteste jeter, se séparer des traces d'un passé qui sera toujours plus beau à ses yeux que le présent et l'avenir. Le foutoir de sa mémoire encombre les placards, s'empile sous l'escalier, rétrécit l'espace vital. On étouffe dans cette maison ! Maman a calfeutré fissures et interstices pour repousser l'air frais comme si c'était le démon. L'odeur du vieux écrase toute autre senteur de ses relents poussiéreux.

Elle pleure encore plus que d'habitude, parce que chaque souvenir retrouvé aiguillonne sa mélancolie. Un sac-poubelle à la gueule béante attend son dû pendant qu'elle renifle sur des photos mal cadrées. Elle trie, elle classe, elle rassemble par famille, plus qu'elle ne bazarde. Le sac-poubelle n'aura pas beaucoup à manger.

*
* *

Un carton posé dans le salon m'intrigue particulièrement. C'est en le remplissant qu'elle a sangloté le plus abondamment. Peut-être contient-il des photos d'avant la cassure ? J'aimerais voir des images des jours heureux, retrouver le visage de Maman avec le sourire et des traces de mon enfance du temps de l'insouciance. J'attends qu'elle soit occupée dans la salle de bains pour monter le carton dans ma chambre. Je veux pouvoir l'inventorier tranquillement.

Sur le dessus, un fatras de photos. Sur la plupart on reconnaît Bobby Hawk encore jeune. Une photo est déchirée, comme pour éliminer la personne que le chanteur enlace. D'après ce qui en reste – une mèche de longs cheveux bruns et une main aux ongles vernis très longs –, je pense qu'il doit s'agir de Khalifa. Il y a aussi beaucoup de clichés où Maman est très proche du chanteur. Mes préférés ont été pris lors d'une fête chez Bobby. Maman est si belle, elle semble si gaie !

*
* *

En dessous des photos, je tombe sur une pile de lettres. Beaucoup sont signées de ma grand-mère. Il y a également des textes de chansons de la main de Bobby. Tout au fond, sur une longue enveloppe bleu pâle, je reconnais l'écriture de Maman. La lettre est adressée à Bobby. Passant outre la culpabilité suscitée par l'indiscrétion que je m'apprête à commettre, je l'ouvre avec des doigts brûlants de curiosité. C'est un message d'amour.

La teneur du courrier ne me surprend qu'à moitié. Et l'aveu de sa passion pour Bobby confirme mon intuition. Un rapide calcul comparatif entre la date qui figure sur la lettre et celle de ma naissance, trois mois plus tard, me renforce dans l'idée que Bobby est mon géniteur. Tant mieux ! Je n'ai aucune envie d'être la fille de Le Gouen, ce grand escogriffe braillard à la dégaine de vieux baba qui laisse sa femme seule face aux huissiers et aux bouteilles de gaz, ce père fantomatique qui m'abandonne au pouvoir de ma mère. Je préfère, et de loin, être la fille de l'homme qui a rendu Maman heureuse, et de l'artiste célèbre. Bobby connaît-il la vérité sur ma conception ? S'il sait compter jusqu'à neuf, comment peut-il ne pas l'avoir comprise depuis longtemps ?

Je cache la lettre dans l'une de mes poupées, une rousse au visage pâle et triste baptisée Sarah. J'y vois la seule preuve de ma filiation, j'estime donc avoir une sorte de droit moral sur sa possession. Je remets le reste des souvenirs dans le carton, et le carton exactement là où je l'ai pris, comme si je n'y avais pas touché.

*
* *

L'anorexie a pris possession de tout mon être sans que j'en sois consciente. Déjà maîtresse de mon esprit, elle étend son emprise sur mon corps tout entier, le conditionnant à refuser de s'alimenter. Maintenant, je trouve plus de plaisir à ne pas manger qu'à manger. Et j'aime la faim qui gronde dans mon estomac rétréci, parce qu'elle signifie que je tiens bon.

Je ne vois pas la maladie marquer mes traits, je reste sourde aux remarques sur ma maigreur. La nourriture, que j'absorbe en si faible quantité, occupe une place énorme dans ma tête à défaut de remplir mon estomac. La contrôler m'obsède. Chaque jour, je dois penser à ce que je m'autoriserai ou non à avaler, à ce que je recracherai. Combien de pétales de Spécial K ? Trente ou quarante grammes ? Si je prenais plutôt une cuillerée à café de taboulé ? Ou bien un carré de St Môret ? Reste-t-il assez de Coca light dans le frigo pour me rincer la bouche après ma séance de mastication ?

Par moments, je réalise le caractère étrange de mes rituels alimentaires. Mais c'est le seul moyen dont je dispose pour tenter de calmer l'angoisse qui me tenaille. Pendant que mon esprit est fixé sur leur accomplissement, je bénéficie de quelques instants de relatif répit. Si je contrôle mon corps et ses appétits, je ne serai pas submergée par la honte, elle restera à un niveau supportable.

Certaines nuits, un cauchemar, disponible en différentes versions, revient empoisonner mon sommeil. Par exemple je mange un Big Mac entier avec une grande frite et je l'accompagne d'un maxi Coca normal, pas light. J'engloutis, je dévore, je pousse la nourriture dans ma bouche, à m'étouffer. C'est à la fois délicieux et abominable. Ou bien je rêve que mon ventre gonfle, gonfle à m'écraser. Je grossis, j'enfle de partout, même des paupières et des doigts de pied. Puis je me réveille en suffocant, la nausée au bord des lèvres, le cœur tressautant d'angoisse contre mes côtes. Alors j'allume la lumière et je vais me regarder dans le miroir pour vérifier que c'était bien un mauvais rêve.

*
* *

Il y a quelques mois, Le Gouen a fait la connaissance d'un châtelain prénommé Ludovic. Ce monsieur, âgé d'une quarantaine d'années, a quatre enfants, échelonnés de cinq à seize ans, et vit dans un manoir datant du XVIIe siècle situé à la lisière de la forêt de Fontainebleau. Ce soir, nous allons dîner chez lui. C'est la première fois que mes parents m'emmènent chez un de leurs amis, hormis chez Bobby ou ses copains musiciens devant qui je dois toujours sortir mon troisième bras, c'est-à-dire mon violon. Je suis intimidée d'avance, et angoissée parce qu'il me faudra bien manger un peu sous peine de passer pour une mal élevée.

Mon beau-père – je le considère désormais comme tel –, avec sa délicatesse habituelle, s'empresse de déballer devant nos hôtes mes problèmes alimentaires. À chaque fois que je fais un effort pour manger, il faut qu'il se mette à parler d'anorexie ! Puis il passe à ma future carrière de violoniste virtuose. Anne-Christine, l'épouse de Ludovic, me sourit d'un air gêné ; son mari me regarde en coin d'un air désapprobateur ; leurs enfants me dévisagent comme si j'étais un monstre de foire. Charmante soirée ! Je n'existe que par ma maladie et mon violon, c'est gentil de me le rappeler devant des étrangers.

*

* *

Nous retournons au manoir à plusieurs reprises. Je deviens copine avec Ludivine, l'aînée. Son frère Cyril, qui n'a que quatorze ans en dépit de sa forte stature, me tourne autour. Il finit par me coincer dans la chambre de Ludivine, pendant que cette dernière est partie chercher du Coca à la cuisine.

Je suis en train de regarder ses bijoux quand il s'approche par-derrière et me prend par les épaules. Le contact de ses mains me fait sursauter et j'essaie de me dégager mais il est beaucoup plus fort que moi et me fait tomber sur le lit. Je sens le poids de son corps écraser le mien pendant qu'il bloque mes bras et me chuchote à l'oreille : « Je suis amoureux de toi. »

La peur noue ma gorge et me cloue sur place, mon esprit s'embrouille, je voudrais m'enfuir mais je ne peux ni bouger ni protester. Heureusement l'arrivée de Ludivine met fin à cette situation humiliante.

Quelques minutes plus tard, j'entends Cyril confier au téléphone à l'un de ses copains : « J'aimerais bien dépuceler une vieille. » Dorénavant je refuse de mettre les pieds au manoir, craignant trop de me retrouver face à ce détraqué.

Néanmoins, le châtelain s'avère une relation utile. Il possède à Paris, rue de La Boétie, dans le VIIIe arrondissement, une réserve de magasin qu'il voudrait transformer en studio pour pouvoir le louer plus cher. Mais le local ne comportant pour l'instant ni cuisine, ni salle de bains, ni W.-C., il nécessite d'importants travaux d'aménagement que Ludovic, à court de liquidités, ne peut financer. Le Gouen lui propose de s'en charger, en échange de quoi je pourrais loger gratuitement dans le studio pendant un an ou deux.

Que de changements dans ma vie ! Je vais entrer en fac, commencer une école de théâtre et quitter la maison familiale où j'ai été recluse pendant tant d'années pour habiter seule à Paris. Génial !

Chapitre 15

L'AMOUR EN FUITE

Je déchante rapidement. Maman s'installe rue de La Boétie en même temps que moi, avant même que les travaux ne soient commencés. À quoi sert-il de sortir de prison si le geôlier ne me quitte pas d'une semelle ?

Heureusement qu'il y a la fac ! Je suis inscrite en première année de DEUG de cinéma à Paris VIII, qui en réalité se trouve à Saint-Denis. L'école de théâtre que j'ai choisie se trouve dans le XIIIe arrondissement. La situation centrale et parisienne de mon studio s'avère bien plus pratique que celle de la maison d'Arbonne-la-Forêt. Mes trajets sont moins longs que l'an dernier, ce qui tombe bien car je m'étais retrouvée dans un état d'épuisement pénible à supporter.

*

* *

L'entrée dans la vie étudiante constitue une agréable découverte. Dans le grand creuset de la fac où se mélangent des jeunes venus de milieux très différents, je passe inaperçue et cela me convient bien. Il m'est plus facile de m'intégrer et de me faire des copains.

Car je n'ai qu'une envie : être comme les autres. C'est pourquoi je vais au restau U en même temps que mes camarades. La différence, c'est que je me fais vomir tout de suite après le repas. La nourriture qu'on sert aux étudiants est beaucoup plus lourde que celle que j'ai l'habitude d'absorber, ce qui rend les vomissements plus douloureux.

Mes nouveaux copains ont beau me répéter que je ne mange rien, moi je me trouve énorme, plus grosse que toutes les filles que je croise. Ici encore, il y a beaucoup de danseuses. J'envie leurs silhouettes longilignes, leurs membres grêles où se dessinent tendons et muscles. En comparaison, je me sens laide, pataude, boursouflée.

Je perds mes cheveux. Les morts, chaque jour plus nombreux, parsèment mes pulls ou restent accrochés dans ma brosse. Par endroits on devine la peau de mon crâne à travers les mèches. Cela m'inquiète, je n'ai pas envie de me retrouver chauve. Je décide donc de me rendre à la permanence médicale de la fac pour faire des analyses. Comme il fallait s'y attendre, les résultats montrent des carences importantes pour tous les facteurs testés. On me prescrit des vitamines et des sels minéraux pour les compenser.

*
* *

L'école de théâtre se révèle une moins bonne pioche que la fac. Il faut dire que, n'y connaissant rien, je l'ai choisie un peu au hasard. En fait, l'enseignement concerne plus le spectacle que le théâtre. Parmi les professionnels qui enseignent à l'école se trouve Richard Cross, qui n'est pas encore professeur de chant à la Star Academy. Je chante naturellement juste, ce qui fait que son cours me plaît plus que les autres. J'en parle à Maman en lui disant qu'éventuellement j'aimerais enregistrer une maquette, pour voir ce dont je suis capable.

Elle répète mes propos à Le Gouen, qui s'enflamme tout de suite. Lui, le grand professionnel du son, va prendre les choses en main. Alors que je ne lui ai rien demandé, il contacte le parolier de Bobby Hawk et son guitariste pour composer une chanson à mon intention. Les paroles sont effectivement taillées sur mesure. *Je n'ai que mon violon, je ne suis que mon violon.* Je déteste ! Mais Maman adore, je m'incline donc. Le parolier, auquel je trouve une tête de vieux pervers, veut me transformer en Lolita sexy, le contraire de ce que je suis.

Mon beau-père dispose, à la maison, d'un matériel suffisant pour enregistrer une maquette.

Mais non, il voit grand, il veut aller dans le studio professionnel réputé situé au sous-sol du Palais des Congrès. Le fait qu'il soit Rmiste, fauché comme les blés et interdit bancaire ne l'arrête pas. Il se voit déjà manager de la nouvelle Céline Dion ou à peu près. Maman lui emboîte le pas et m'affirme : « Dans quinze jours, tu ne pourras plus prendre le métro sans qu'on te demande des autographes. Tu vas devenir une star, ma fille, tu voyageras dans le monde entier. » Bref, du grand délire.

Qui dit vedette de la chanson dit impresario. Le Gouen en contacte un premier, soi-disant emballé par la maquette, mais qui ne propose pas de me signer un contrat. Il va donc en voir un second, qui réclame huit mille euros pour s'occuper de ma carrière. Comment mon beau-père réussit-il à trouver cette somme ? Je ne sais pas, je le suspecte d'avoir tapé sa famille. C'est un beau parleur quand il s'y met, habile à présenter ses plans sur la comète comme des projets solides.

En fin de compte, le ruineux impresario ne réussit à me décrocher qu'une participation – gratuite évidemment – au Téléthon, à Sartrouville... On est loin de Las Vegas ou même de l'Olympia !

L'entreprise tourne rapidement en eau de boudin. Cela me rappelle le clip avec Bobby Hawk, un souvenir exécrable. Je me serais volontiers passée de m'en fabriquer un autre du même tonneau.

*
* *

Maman a apporté son foutoir avec elle rue de La Boétie, un vrai déménagement. Le studio, dont les travaux ne sont toujours pas terminés, ne comporte que très peu de rangements. Pas assez pour deux en tout cas. Ses fringues s'étalent partout, c'est à peine si on peut mettre un pied devant l'autre. Impossible de ramener qui que ce soit dans ce bazar, d'autant plus qu'elle se débrouille pour y rentrer avant moi et n'en repartir qu'après moi. Pendant que je suis en cours, elle retourne à Arbonne-la-Forêt pour nourrir les animaux. Le Gouen vient de temps en temps au studio enduire un mur ou poser du carrelage. La douche fonctionne, c'est déjà ça. Un four à micro-ondes posé sur un mini-frigo fait office de cuisine.

Quand je me plains à Maman que sa présence m'empêche d'inviter une amie, elle me répond : « Tu n'as qu'à me prévenir, je sortirai pendant ce temps-là. » Mais qu'elle retourne dormir chez elle, même une seule nuit, il n'en est pas question. Et si je découchais, elle me ferait un scandale. Je suis coincée, encore et toujours.

*
* *

Un après-midi que je rentre un peu plus tôt rue de La Boétie parce qu'un cours est annulé à la fac, je croise un garçon qui était dans ma classe au lycée Lamartine. Nous n'étions pas vraiment amis mais nous discutions ensemble de temps en temps. Paul-Marie était lui aussi en option musique, il jouait de l'orgue. Il est toujours beau avec ses cheveux longs et bouclés et ses yeux noirs brillants. C'est lui qui me hèle : « Salut Isabelle ! Tu as changé, tu es encore plus mignonne qu'avant. » Nous parlons deux minutes sur le trottoir, puis il me propose, plutôt que de rester plantés dans le froid, d'aller boire un café chez lui, son studio est à côté. J'accepte et je le suis, sans imaginer que son invitation puisse dissimuler une arrière-pensée. À vrai dire, la seule chose que j'ai en tête, c'est la fierté de marcher dans la rue à côté d'un beau garçon.

Pendant que la bouilloire chauffe et qu'il dose le Nescafé dans les mugs, il me raconte qu'il est au conservatoire de Paris, qu'il commence à donner des concerts et qu'il est en train de composer un oratorio. Nous nous asseyons sur le canapé et la discussion se poursuit. Au bout d'une dizaine de minutes, il se rapproche et pose la main sur mon genou, puis il tente de m'embrasser sur la bouche. Le contact de sa peau me tétanise instantanément, mon corps se fige, mon esprit se brouille. Que suis-je supposée faire ? Quoique j'aie dix-neuf ans, je ne me suis jamais trouvée dans ce genre de situation. Il faut que je réfléchisse, mais comment y parvenir avec cette bouche qui écrase la mienne et ces mains qui rampent sous ma jupe ? Je me dégage doucement et je demande où sont les toilettes, c'est la seule idée qui m'est venue pour me ménager un répit.

Je ressors des W.-C. pas plus avancée. Si je reste, je me doute vaguement de ce qui risque de se passer. Si je m'en vais, je crains que Paul-Marie se vexe. À mon retour dans la pièce principale, je découvre que le canapé a été ouvert et mis en position lit. Paul-Marie est en train de déboutonner sa chemise. C'est ce qu'on appelle se retrouver au pied du mur ! Je ne ressens pas de désir, mais ce garçon me plaît, chose rare chez moi. Et puis je me dis que Maman sera contente que je sorte avec un organiste. Mon inexpérience totale me fait croire que faire l'amour signifie automatiquement être ensemble. Je n'envisage pas d'autre option.

*

* *

Je veux bien me laisser faire, mais pas sans préservatif. Paul-Marie n'en a pas, il me propose de l'accompagner à la pharmacie du coin pour en acheter. Dans la rue je glisse ma main dans la sienne, comme je l'ai vu dans les films à la télévision. Paul-Marie retire sa main sans un mot ni un regard. Il a honte de moi ou quoi ? Au lycée Lamartine, je me souviens très bien qu'il marchait dans les couloirs en tenant la main de la fille avec laquelle il sortait à l'époque. Pourquoi lâche-t-il la mienne aujourd'hui ? Si j'osais, je le planterais là et je m'en irais. Mais je n'ose pas et je trottine à côté de lui, muette et humiliée.

Nous remontons dans le studio. Paul-Marie se déshabille très vite, moi je n'ose pas l'imiter. C'est la première fois qu'un homme va me voir nue avec mes petits seins qui tombent, j'en rougis d'avance. Si je lui avoue que je suis vierge, il va me prendre pour une débile. De toute façon, il y a des mots que je me sens incapable de prononcer.

Paul-Marie me déshabille puis il me fait basculer sur le canapé-lit et s'allonge de tout son long sur moi. Sans un baiser ni une caresse, il écarte mes cuisses et tente de pénétrer mon sexe cadenassé par la peur. Il halète, ses os cognent sur mon bassin. Je ne vais pas tenir longtemps sous son poids. Il s'escrime, mais rien à faire, je reste verrouillée, inaccessible, intacte. Au bout de quelques minutes, il pousse un soupir exaspéré et roule sur le côté. Je me rhabille et je m'en vais le plus vite que je peux, comme si j'avais une horde de démons à mes trousses.

*
* *

Pour une première expérience, on peut dire que c'est un ratage total. Je voulais un peu d'affection, sentir des bras me serrer. Le sexe est-il un passage obligé ? Personnellement je ne vois pas pourquoi on en fait un tel flan. Encore un domaine dans lequel je n'arrive pas à me comporter comme les filles de mon âge...

J'ai hâte de rentrer rue de La Boétie et de pouvoir me doucher afin d'effacer de ma peau toute trace de ce qui vient de se passer. Ou plutôt de ce qui a failli se passer. Adieu l'histoire d'amour avec un organiste, le rêve aura vite avorté !

Chapitre 16

LA FILLE DE MÉDÉE

L'approche des grandes vacances me terrorise. Je ne veux pas me retrouver coincée avec Maman qui ne me décollera pas, c'est certain. Une discussion avec des copains de fac me donne une idée salvatrice : je vais partir au Festival d'Avignon. C'est une destination tout indiquée pour une future comédienne. Pour financer mon voyage, je jouerai du violon aux terrasses des cafés, comme je l'ai fait les deux étés précédents à Paris. Je suis bien contente que Maman ait choisi le violon et pas le piano, je n'aurais pas pu me trimballer avec mon instrument.

*
* *

Quel bonheur ! Je suis parvenue à convaincre mes parents. Partir seule, décider de tout, me débrouiller comme une grande, tout est une première.

Dans le train, j'ai du mal à me concentrer sur le livre que j'ai emporté. Le paysage qui défile derrière la vitre me paraît bien plus intéressant. Je n'avais jamais vu les montagnes, leurs sommets enneigés même par ce beau mois de juillet m'émerveillent. Le patchwork des champs, les clochers emportés par la vitesse, l'ocre des tuiles romaines qui remplace le bleu gris de l'ardoise, les routes qui s'entrecroisent et s'enfuient, les images s'enchaînent et composent un documentaire passionnant sur le pays que je traverse et que je découvre.

Avignon fournit un admirable décor, dominé par le fameux palais des Papes, au rassemblement de gens du spectacle venus de toute la France et du monde entier. Le festival peuple la ville de bateleurs et de badauds, les rues résonnent de musiques et d'interpellations, le théâtre promène ses costumes au milieu des touristes en short. Les cracheurs de feu, les mimes, les diseurs de poèmes rivalisent pour capter l'attention, pendant qu'une troupe parade pour attirer les spectateurs à sa prochaine représentation. Une ambiance incroyable règne, cosmopolite et rieuse. J'ai l'impression de me retrouver projetée dans un kaléidoscope géant et bruyant, la tête me tourne un peu mais j'adore ça ! Arbonne-la-Forêt et la maison aux portes closes sont très loin.

*

* *

Je loge à l'auberge de jeunesse pour des raisons d'économie. Le petit déjeuner étant compris dans le prix de la chambre, je m'autorise à le manger. Ensuite je n'avale plus rien de la journée, sauf de l'eau et parfois un jus de fruits frais. Si j'ai trop faim le soir, je mâchouille des cacahuètes achetées dans un distributeur, puis je les recrache.

Malgré la chaleur, je ne transpire pas. Pas assez d'eau dans le corps, je suppose.

Je discute avec des gens au hasard de mes pérégrinations, par exemple pendant que je fais la queue afin d'obtenir une place pour une pièce. L'amour du théâtre nous rassemble dans ce lieu magique, nous échangeons des impressions, des avis sur tel ou tel spectacle. À Avignon tout le monde est un peu critique dramatique.

*

* *

Je réussis à me procurer une place pour aller voir mon actrice préférée, Isabelle Huppert, sur scène. Elle possède un talent à part, elle seule sait insuffler aux personnages qu'elle incarne cette énergie froide et sereine qui la caractérise. J'aime aussi sa petite taille, sa silhouette mince qui garde une allure adolescente à cinquante ans passés.

Depuis le film *Madame Bovary*, je suis de près sa carrière. Madame Bovary, n'en déplaise à Gustave Flaubert, ce n'est pas lui, c'est ma mère. Tout le temps en train de pleurer, un mari pas très futé qui ne s'occupe pas d'elle, un amant qu'elle idéalise et qui se fiche d'elle, une enfant dont elle n'a rien à faire : ma mère tout craché !

C'est peut-être dans *La Dame aux camélias* qu'Isabelle Huppert apparaît au sommet de sa beauté. Il faut dire que tout le film est splendide. D'autres rôles m'ont marquée, ainsi Aloïse, enfermée et muette, ou Malina, schizophrène, dépressive, exploitée par son mari.

De tous les personnages qu'elle a interprétés au cinéma, celui qui me touche le plus est Pomme dans *La Dentellière,* que j'ai bien dû voir une dizaine de fois. Le film raconte l'histoire d'une jeune fille issue d'un milieu modeste qui rencontre un étudiant, fils d'une famille bourgeoise. Pomme est un peu ronde, c'est ce qui lui vaut ce surnom. Le jeune homme est son premier amour et son premier amant. Ils vivent ensemble mais lui la dévalorise constamment en prenant avantage de sa supériorité sociale. Il finit par se lasser d'elle et par rompre. Pomme tombe en dépression, cesse de manger. Elle s'évanouit, on l'hospitalise en psychiatrie. Quand le jeune homme la retrouve, abrutie de médicaments, on comprend que la rupture l'a fait basculer dans la folie et qu'elle va mourir.

À Avignon, Isabelle Huppert joue Médée sous la direction du metteur en scène Jacques

Lassalle. Dès la première représentation, je suis littéralement fascinée par la pièce, le personnage et l'actrice. Pourtant il y a du mistral ce soir dans la cour du palais des Papes, un vent mauvais qui vole le texte, en emportant un mot sur deux. Je reviens le lendemain, le vent s'est calmé et rien ne m'échappe. Le choc se confirme, s'amplifie jusqu'à devenir un séisme intérieur. Maintenant je sais : je suis la fille de Médée, elle m'a tuée quand j'avais quatre ans.

*
* *

Je suis trop accablée pour pleurer. À la fois dévastée et soulagée, parce qu'enfin je commence à comprendre. Médée aime ses enfants, mais elle les tue pour se venger de Jason qui l'a abandonnée. Ma mère à moi a été deux fois abandonnée, par Bobby et par Le Gouen.

À chaque représentation, je suis là, dans les derniers rangs où les places sont les moins chères. Isabelle Huppert défend son personnage avec une intelligence et un talent admirables. Je suis curieuse de savoir comment son jeu va évoluer au fil du temps, c'est pourquoi je décide d'essayer, dans la mesure de mes moyens, de suivre la pièce qui va ensuite tourner dans différentes villes. En tout, j'assiste à plus de quarante représentations, toutes différentes, toutes passionnantes, et je finirai par lui consacrer mon mémoire de maîtrise.

*
* *

À la fin du Festival d'Avignon, l'envie me prend de descendre à Cannes, sur les traces des jours heureux d'avant la cassure, quand nous passions les vacances dans la villa de Bobby. Je pars en stop, un moyen de transport à la fois économique et convivial.

La Croisette ressemble à mes souvenirs, avec ses lézards qui courent sur les murets bordant les plages, ses chaises bleues qui regardent la mer et son manège dont les chevaux de bois sont assez grands pour accueillir des adultes. Je joue du violon partout où c'est possible, obligée souvent de m'asseoir tant je suis faible. La recette suffit largement à me payer l'auberge de jeunesse et de quoi subsister. Je m'alimente comme à Avignon, avec parfois un petit extra sous forme de sorbet ou de milk-shake. Je me pèse dans l'une des nombreuses pharmacies de la rue d'Antibes : quarante kilos. Un poids correct puisqu'il ne dépasse pas celui de mes douze ans. J'ai même les moyens de faire un peu de shopping rue Meynadier, où les boutiques affichent des prix moins astronomiques que sur le bord de mer. Je m'offre deux pantalons en toile légère, un rouge et un vert, mais ensuite je regrette car je trouve qu'ils me font un gros derrière. Il m'arrive aussi d'aller à la plage, sans toutefois oser me baigner car je ne sais toujours pas nager.

Ensuite, direction Nice. Je suis déçue par la plage recouverte de galets qui me font mal aux pieds et je ne reste que deux jours. De toute façon, il faut que je remonte à Paris pour gagner de quoi me payer une école de théâtre dont j'ai beaucoup entendu parler cette année : le cours Florent. Les terrasses des cafés regorgent de touristes qui semblent apprécier le violon. En un peu plus d'un mois, environ quatre mille euros tombent dans mon étui à violon. Cool !

Chapitre 17

LE VISAGE DE L'ESPOIR

J'entame l'année scolaire avec une véritable boulimie intellectuelle. Apprendre, apprendre, apprendre, telle est mon obsession.

L'entrée au cours Florent outrepasse mes espoirs. Enfin je trouve les aliments dont j'étais affamée. L'enseignement est complet et fouillé, incluant le travail sur le texte, la diction et l'improvisation. L'écriture de scénarios et la théorie sont enseignées dans le cadre universitaire, ce qui fait que les deux formations se complètent parfaitement. Une majorité de classiques figurent au programme du cours Florent, afin de nous donner des bases sérieuses. Ainsi, la première année, je joue Hermione dans *Andromaque*, Junie dans *Britannicus*, Iphigénie, Antigone et Laura de la *Ménagerie de verre* de Tennessee Williams.

Dès le début des cours, je décide de changer de nom et d'adopter un pseudonyme. Beaucoup de comédiens avant moi ont fait de même. Qui se souviendrait de Michèle Morgan si elle avait continué de s'appeler Simone Roussel ? Ou de Marilyn Monroe si elle avait conservé Norma Jean Baker ? Sans ambitionner une célébrité aussi universelle, je veux surtout détacher mon personnage de comédienne de ma filiation officielle. Ce que j'ai récemment appris sur les amours de ma mère et de Bobby Hawk ne fait que me renforcer dans cette idée. Après pas mal de recherches, je choisis le patronyme Caro, en hommage au créateur de *La Cité des enfants perdus*, un film à l'esthétique très particulière qui raconte l'histoire d'enfants auxquels un méchant vole leurs rêves. Ça me va bien, je trouve.

Je m'inscris au conservatoire de Versailles, après avoir été reçue au concours d'entrée parmi les meilleures. C'est une douce revanche. Et j'aime y travailler les grands textes, notamment Claudel et le rôle de Violaine dans *L'Annonce faite à Marie* et celui de la reine dans *Ruy Blas* de Hugo.

Enfin je poursuis mon DEUG à la fac de Saint-Denis. Chaque week-end je retourne à Arbonne-la-Forêt avec Maman qui passe les semaines rue de La Boétie.

Afin de soutenir ce rythme intense, je grignote. Par exemple du panneton italien, dont j'avale les raisins mais recrache la brioche. Je me livre au même genre de manège avec les barres glacées : je mange la couverture en chocolat, le caramel, pas la glace. Maman s'obstine à faire des plats surgelés sur la plaque électrique du studio qui ne chauffe pas. Mais si je me plains que c'est froid, elle le prend comme une insulte personnelle. Elle se rend bien compte que je vomis ce qu'elle me sert, m'engueule mais ne parle jamais de me faire soigner.

*
* *

Peu après mon entrée en fac, je demande à une copine esthéticienne de me tatouer des taches de rousseur sur le visage, afin de me faire ressembler aux petits poulbots que peignait Maman et à Isabelle Huppert quand elle était jeune. Mais cet artifice ne suffit pas à me réconcilier avec mon image.

Depuis l'enfance, mon nez, ma bouche et mon menton m'obsèdent. Si Maman a tellement insisté pour les dissimuler sous des écharpes, c'est forcément à cause de leur laideur. Effectivement mon nez est trop gros, trop long, ma bouche trop pulpeuse et mon menton trop en retrait. Chaque fois que je croise mon reflet dans un miroir, ces évidences m'arrachent une grimace de répulsion. Je rêve de pouvoir me faire opérer afin d'effacer de mon visage les traces les plus patentes de mon passage à l'âge adulte, ce nez trop proéminent et cette bouche trop renflée. L'opération du menton a pour but de lui donner un caractère plus volontaire.

Seule la chirurgie esthétique pourra me sauver,

parce que je ne me sens pas capable de continuer à vivre ainsi. En outre je suis persuadée qu'un visage remodelé opérera une guérison psychique et me débarrassera de mes problèmes alimentaires. Plus les jours passent, plus cette idée s'ancre dans mon esprit. Jusqu'à se poser dans des termes radicaux : me faire opérer ou mourir.

Quand je parle de l'opération que je veux subir à Maman, elle pousse les hauts cris. Non pas à cause des risques éventuels que présente tout passage sur le billard, mais parce que je prétends dénaturer son œuvre. Mon beau-père s'insurge lui aussi. Ensemble, ils se montent la tête et se persuadent que cette idée ne vient pas de moi mais m'a été fourrée dans la tête par une secte dont je suis devenue membre. Aucune dénégation de ma part ne parvient à les détourner de ces foutaises.

D'après les renseignements que je prends, il y en a au bas mot pour trois mille euros. Dont je n'ai pas le premier centime. Il faut que je travaille pour gagner mon salut. J'enchaîne donc les petits boulots dans des sandwicheries, des fast-foods, des boutiques de vêtements, pour des remplacements ou des CDD, ainsi que de la figuration dans des films, des rôles dans des courts-métrages, des voix pour de la postsynchronisation et même l'animation de goûters d'anniversaires, autant d'activités où l'on emploie les comédiens avec le statut d'intermittents du spectacle. Au tarif auquel je suis payée, je ne suis pas près d'avoir un nouveau nez !

En attendant d'avoir rassemblé un pécule suffisant, je consulte différents chirurgiens. Le premier est d'accord pour toutes les modifications que je lui demande, mais je trouve ses références insuffisantes. Le deuxième me montre un book des patientes qu'il a opérées, avant et après. Seul problème : il a fait le même nez à toutes, quel que soit leur visage. Il me propose de truquer l'indication pour obtenir le remboursement d'une partie des frais par la Sécurité sociale, bref d'escroquer. Le troisième présente les garanties nécessaires, il opère dans un établissement spécialisé dans l'esthétique et il m'assure qu'il peut réaliser les trois opérations en même temps.

Ces consultations sont étalées sur pas loin d'un an. Maman, de son côté, ne lâche pas le morceau et se livre à une sorte de guerre des nerfs dans le but de me faire renoncer à mon projet. Elle me répète que je vais être défigurée, ou bien elle pique des crises d'une extrême violence et hurle qu'elle va mourir si je me fais « charcuter ». Elle s'aperçoit même que je suis anorexique – au bout de sept ans, il serait temps – et que j'ai besoin de suivre une psychothérapie. Ce bruit et cette fureur m'épuisent mais n'affaiblissent en rien ma détermination. Je voudrais plutôt qu'elle m'accompagne quand je me rends chez un chirurgien afin de m'aider à choisir, mais elle ne veut rien savoir.

Les chirurgiens m'envoient voir des psys, comme il est d'usage. Le premier, tout en me conseillant de me faire suivre pour mon anorexie, ne décèle pas de contre-indication pour les opérations que j'envisage, à condition que l'anesthésiste donne son aval. Le deuxième évoque une dysmorphophobie, c'est-à-dire une fixation névrotique sur une partie du corps perçue comme anormale. Il me prévient que je risque de ne pas être satisfaite du résultat et que la chirurgie esthétique ne réglera pas forcément mon problème. La troisième conclut en me disant que si c'est une décision prise depuis longtemps, elle ne s'y opposera pas. Chacun me demande d'observer un délai de réflexion de plusieurs mois avant de me livrer au scalpel du chirurgien.

*
* *

Je consacre mon mémoire de deuxième année de DEUG à *Malina*, le film de Werner Schroeter. La première année au cours Florent se déroule au mieux, je réussis les trois examens de fin de trimestre.

Les mois passent, j'économise et je m'impatiente. Maman me traque sans relâche, elle appelle l'un des psys auxquels j'ai été adressée pour le prévenir que je suis manipulée par une secte, puis elle envoie Le Gouen en opération commando chez un chirurgien dans le but de le dissuader de m'opérer. Ses manœuvres ont pour principal effet d'ajouter à mon angoisse latente et déjà considérable. Elle me pousse à bout, j'ai peur de craquer. Il m'arrive même, sur un quai de métro, de regarder les rails en pensant qu'il serait facile de sauter, là, maintenant, et d'en finir.

*

* *

J'ai enfin assez d'argent. Le troisième chirurgien, celui qui me paraissait le plus sérieux, ne peut pas m'opérer avant un mois, son planning est surchargé. Je n'en peux plus d'attendre, et puis j'ai peur que Maman ne s'interpose, je trouve donc un quatrième praticien disponible rapidement. Rendez-vous est pris avec l'anesthésiste. Il me trouve limite, avec mes quarante kilos, mais finit par accepter de donner son feu vert. Dans les jours qui précèdent l'opération, je suis tellement motivée que je parviens à m'alimenter de façon presque normale, afin de dépasser de quelques centaines de grammes cette barre fatidique des quarante kilos. La délivrance approche !

Maman m'a prévenue : si je me fais opérer elle refusera de me voir. Elle peut me menacer des pires représailles, je m'en fiche, je ne reviendrai pas sur ma décision. Quand je lui avoue que j'ai eu envie de me jeter sous les roues du métro, elle finit par se laisser fléchir grâce au renfort inattendu de Le Gouen.

Dès la fin de l'année scolaire, soit la dernière semaine de juin, j'entre en clinique. L'opération dure deux heures et ne concerne que mon nez. Le réveil s'avère douloureux, la mèche dans mon nez me gêne énormément. Moi qui m'étais promis de manger tout le repas qu'on me servirait à la clinique, avec la meilleure volonté du monde je ne peux pas en avaler une bouchée. Mastiquer est un supplice. On me nourrit donc par perfusion, ce qui me requinque et me fait reprendre un peu de poids.

Le lendemain de l'opération, je sors de clinique, le visage gonflé, les yeux fardés du violet des hématomes. Mes parents viennent me chercher pour me ramener à Arbonne-la-Forêt. Je ne veux pas faire souffrir Maman en lui imposant la vue de son œuvre modifiée, et pour l'instant surtout défigurée. Je ne lui montrerai mon visage que lorsque toutes les opérations auront été effectuées et qu'il correspondra à ce que je souhaite. C'est pourquoi j'ai percé deux trous, à la hauteur des yeux, dans un grand foulard dont je recouvre entièrement ma tête. Pas top pratique pour marcher ! Néanmoins je décide de le porter à chaque fois que ma mère sera présente.

La semaine suivante, quand le chirurgien m'enlève le pansement, je découvre un nez qui n'est pas tout à fait conforme à mes désirs. Il n'est pas assez retroussé pour donner à mon visage un air aussi enfantin que je l'espérais. Tant pis ! C'est toujours beaucoup mieux que l'ancienne version. Me voici avec un nouveau nom et un nouveau nez (en attendant un nouveau visage), il ne me manque plus qu'une nouvelle vie.

Chapitre 18

D'ÉTRANGES VACANCES

Bizarrement, Maman choisit ce moment pour me proposer de partir en vacances ensemble – ce qui ne nous est pas arrivé depuis quinze ans – à la montagne. Le Gouen qui a retrouvé du travail achète une caravane d'occasion pour un prix intéressant, et nous voilà sur les routes, direction la Savoie.

Les coquards qui ornent mon visage n'ont toujours pas disparu, ils ont juste changé de couleur, abandonnant le violet pour un verdâtre du plus vilain effet. Cela n'a pas d'importance car, fidèle à ma promesse, je garde sur la tête mon tchador improvisé quand je suis avec Maman. Je ne l'enlève que lorsque je regagne la petite chambre que j'occupe dans la caravane. Et je n'ose pas aller me promener ainsi affublée, de crainte d'exciter la curiosité des passants que je risquerais de croiser. Ce qui fait que pendant ces vacances à la montagne, au lieu d'aller respirer l'air des cimes, je reste confinée dans notre minuscule maison roulante. Pourtant, lorsque le chirurgien m'a enlevé le pansement, ma première pensée a été : « Enfin un nez qui a le droit de respirer, d'exister, de décider. »

*
* *

Quand je relis ces lignes, je suis effrayée. Comment ai-je pu à ce point reproduire l'enfermement que ma mère m'avait infligé ? Ai-je donc totalement repris sa folie à mon compte ?

Pendant ces deux semaines, je m'efforce de manger un petit peu de tout, même du steak haché pour remonter mon taux d'hémoglobine. Ce n'est pas facile car j'ai mal à la gorge à cause de l'intubation pratiquée pour l'anesthésie.

La présence de ma mère produit un effet curieux ; je me sens paralysée rien que de la savoir à deux mètres de moi. À cause du tchador nous nous voyons très peu, je préfère rester dans ma chambre pour garder le visage découvert. Rétrospectivement, ces vacances me paraissent parfaitement absurdes. Pourquoi partir à la montagne si c'est pour rester enfermée dans un placard à balai ? Mais sur le moment je ne m'en rends pas compte. Je bouquine, je me repose, j'attends surtout que mon visage dégonfle et que les bleus disparaissent.

De retour à Paris, je reprends mon violon et retourne faire la manche aux terrasses des cafés, dans le but de financer ma deuxième année au cours Florent.

Grâce à un casting, je suis engagée par une troupe de théâtre subventionnée par la mairie du XXe arrondissement, pour jouer dans une pièce de Kundera. Nous répétons dans un local à Belleville, les représentations se dérouleront à partir de la rentrée dans des théâtres parisiens et en banlieue. Nous sommes censés mettre la main à la pâte et porter les décors. Les autres se prétendent trop fatigués, je suis la seule à m'y coller. On dirait une fourmi transportant une brindille trois fois plus grosse qu'elle. Moi aussi j'ai mal au dos, mais la souffrance ne constitue jamais une raison de renoncer.

Cette première expérience professionnelle me permet d'être défrayée, mais pas encore payée.

*

* *

Le 14 Juillet, je passe l'après-midi avec une copine dépressive à laquelle j'essaie de remonter le moral. Ensuite je me promène sur les Champs-Élysées et je redescends à pied en direction de la rue de La Boétie quand un homme m'aborde.

Il doit avoir dans les quarante-cinq ans, le teint bronzé et un regard magnétique velouté par d'épais cils noirs. Il me complimente sur mes yeux et me dit que je lui plais beaucoup. Aucun homme ne m'a jamais parlé ainsi, j'en suis toute retournée. Son âge, loin de constituer un obstacle, au contraire m'attire et me rassure. Je vois immédiatement en lui la figure paternelle qui m'a tant manqué. Il se présente, il s'appelle Georges, est d'origine libanaise, installé en France depuis vingt-cinq ans, et possède trois restaurants. Est-ce que j'ai le temps de boire un Coca avec lui à une terrasse de café ? Eh bien oui, volontiers.

Je me retrouve assise en face de ce monsieur que je ne connaissais pas deux minutes auparavant, et je lui parle, moi d'ordinaire si timide, avec une facilité qui me déconcerte. Ma passion pour le théâtre, le violon, mes études, je lui confie beaucoup de choses en quelques minutes, parce qu'il me donne l'impression de s'intéresser à moi. Il me raconte qu'avant de monter des restaurants, il a dirigé une boîte de nuit très chic à côté des Champs-Élysées et qu'il a vu défiler les plus belles filles de Paris et d'ailleurs, mais jamais une comme moi.

Son sourire charmeur, sa voix douce qui roule un peu les r, son regard enveloppant, tout en lui me séduit. C'est la première fois que je ressens une réelle attirance pour un homme. J'accepte de lui donner mon numéro de portable, mais lui ne me communique pas le sien. Il m'assure qu'il me téléphonera sans faute et nous nous quittons avec un baiser sur la joue, deux heures à peine après avoir fait connaissance. Il s'éloigne et je m'angoisse : s'il perdait mon numéro, s'il ne me rappelait jamais ?

*
* *

Il s'écoule plus d'un mois sans que Georges daigne se manifester. Alors que je ne l'espérais plus, il m'appelle enfin. Nous nous revoyons le lendemain.

Georges m'accompagne en voiture à la bibliothèque où je dois rendre des livres, puis m'emmène chez lui. Là il commence à m'expliquer que la situation avec sa copine actuelle se dégrade et qu'il cherche une nouvelle amie. Puis il se désole de savoir que je passe des heures à mendier aux terrasses des cafés, c'est trop fatigant. Il y aurait bien une solution : je deviens son amie, en échange il me paie le cours Florent. Désarçonnée, je ne sais pas quoi dire. Je ne suis pas obligée de répondre tout de suite, il viendra me chercher demain rue de La Boétie et nous reparlerons de sa proposition.

*
* *

Le lendemain, Georges m'embrasse sur la bouche et non plus sur la joue. Puis il me conduit à nouveau chez lui mais cette fois, au lieu de nous asseoir dans le salon, nous passons directement dans la chambre. La suite des événements me paraît écrite d'avance. Avant de passer aux actes, il me dit :

— Tu sais, je me rends bien compte que je suis beaucoup plus âgé que toi. Je ne t'empêche pas d'avoir une relation avec un garçon de ton âge. Il faudra juste que ça reste entre nous. D'autre part, ça ne me pose aucun problème de te payer le cours Florent, j'ai largement les moyens, et même ça me fait plaisir de pouvoir t'aider.

Son discours me touche, je ressens du désir pour lui, et pourtant ma peau reste froide sous ses doigts qui me déshabillent et mes lèvres inertes sous sa bouche. Puis il m'allonge sur le lit, le dos tourné vers lui.

— Le devant, je vais le laisser à ton petit copain. Dans mon pays, on respecte les femmes, alors je te propose qu'on fasse ça par-derrière.

Je ne sais même pas de quoi il me parle exactement, j'en ai une vague idée sans plus.

La douleur est épouvantable, j'ai l'impression qu'une lame de feu me déchire les entrailles. Je pleure en silence dans l'oreiller. Quand il a terminé, mon supplice n'est pas fini pour autant. D'un tiroir sous le lit, il sort des objets que je n'ose pas regarder et la suite est encore pire, si possible. J'ai horreur de ce qui se passe, mais je suis amoureuse de Georges et je crois, puisque lui se conduit de façon naturelle, que c'est ainsi que les choses du sexe se passent.

— Mais pourquoi tu ne me dis pas que c'est agréable ? Une femme doit prendre du plaisir.

Il se penche vers moi et voit les larmes rouler sur mes joues.

— Qu'est-ce qui se passe, mon petit bouchon ?

— C'est le bonheur, Georges chéri.

*
* *

Chaque fois que nous nous revoyons, il me soumet au même traitement, et je garde le même mutisme.

En fait, je me crois anormale et frigide. En guise d'éducation sexuelle, j'écoute Fun Radio le soir. Les auditeurs, souvent beaucoup plus jeunes que moi, y décrivent des pratiques plus ou moins identiques comme faisant partie de leur quotidien. C'est donc moi qui ne sais pas apprécier. Jamais, au grand jamais, je ne pense, ne serait-ce qu'une seconde, que Georges a un fonctionnement sexuel anormal.

Je continue à maigrir. Georges trouve que c'est excessif, je n'ai plus de fesses, il n'a pas envie de faire l'amour avec un squelette. Et, au lieu d'éprouver du soulagement à l'idée que désormais mon derrière ne souffrira plus, je culpabilise. On ne se refait pas !

Chapitre 19

FILLE DE JOIE

Fin septembre, je me fais opérer du menton. Trois jours en clinique et sous perfusion m'aident à reprendre un peu de forces. Quinze jours durant, mon cou est tout gonflé, on dirait Édouard Balladur. Maman est retournée à Arbonne-la-Forêt, à ma demande, car je n'ai pas envie de vivre avec le foulard sur la tête. Enfin j'occupe seule – après deux ans de cohabitation forcée – le studio de la rue de La Boétie.

*
* *

Je dois régler le solde de l'opération au chirurgien fin octobre, courant novembre au plus tard. Georges et moi avons rompu, nous restons cependant amis. Au fond de moi, je me sens vexée qu'il m'ait laissé tomber, une envie de vengeance me taraude.

Une copine me parle d'un moyen pour résoudre mes problèmes d'argent. Certains bars engagent des hôtesses qui sont très bien rétribuées, rien à voir avec le salaire normal d'une serveuse. Elle me montre une annonce passée par un établissement nommé Le *Whisper*, situé dans le quartier de l'Opéra. Pourquoi n'irais-je pas m'y présenter ?

*

* *

La façade est discrète, des vitres teintées empêchent de voir l'intérieur et il faut sonner pour entrer. Drôle de bar ! Je suis rassurée par le cadre luxueux et l'accueil aimable de Rosy, la barmaid. Les murs sont tendus d'un tissu rouge foncé, assorti au velours qui recouvre les banquettes et les sièges. Au milieu, une piste de danse au sol pavé de dalles en miroir, entourée de petites tables elles aussi en miroir. Les appliques aux abat-jour plissés répandent une lumière douce au teint. L'ensemble donne une impression de sophistication et de confort. La patronne, Suzy, ressemble à une bourgeoise des beaux quartiers avec son chemisier de soie bien coupé et ses bijoux chic.

Elle se montre très intéressée quand je lui dis que je joue du violon. Je pourrais animer les soirées, leur donner une touche originale. Suzy m'explique qu'il y a deux façons d'exercer le métier d'hôtesse. « Soit tu te contentes de faire boire les clients, en buvant avec eux et en te montrant très aimable, très séductrice. Tu peux choisir ceux avec lesquels tu vas, et tu verras, il y a de très beaux mecs qui viennent ici. Soit, mais là il faut te sentir prête et je ne t'y forcerai jamais, tu peux descendre au salon avec les clients qui le désirent et passer des moments d'intimité avec eux. Évidemment, tu gagneras plus. Mais c'est à toi de choisir. »

J'ai compris l'idée générale : rien ne m'oblige à me prostituer – ce que je ne ferai jamais, évidemment –, on me demande juste de divertir les clients et de les aider à passer une bonne soirée.

Suzy poursuit son exposé : « Tu n'es pas obligée de venir tous les soirs, tu me préviens la veille, ça suffit. Les horaires : vingt heures à cinq heures du matin. Tu es payée au fixe, vingt euros par soir, avec un pourcentage sur les boissons : cinq euros par coupe, cent cinquante euros pour une bouteille. Ça te convient ? » Et comment, avec un tarif aussi royal !

« Tu as les jambes trop maigres, oublie les jupes, il faudra mettre des pantalons. Tu dois être maquillée, coiffée, bien habillée et porter des chaussures à talons, les hommes aiment ça. Et sourire ! N'utilise pas ton vrai nom, je te conseille de te trouver un pseudo. Tu as une idée ? » Je réfléchis à peine : « Sarah. » « Bienvenue au Whisper, Sarah ! »

*
* *

Je commence le lendemain. Le changement de nom produit à peu près le même effet que quand Rébecca osait sortir de la maison à Arbonne-la-Forêt. Sarah, ce n'est pas moi, mais un personnage que je crée de toutes pièces, un rôle de composition. Sarah peut se permettre tout ce qu'elle veut, elle est libre et pleine d'assurance, rien à voir avec la timide Isabelle qui culpabilise pour un oui ou pour un non.

J'arrive un peu plus tôt que demandé, à dix-neuf heures trente. Une dizaine de filles gravitent au bar et, dans la salle, en majorité des Blacks. Il n'y a pas grand monde pour le moment. En attendant le client, je discute avec quelques-unes d'entre elles. Elles se montrent amicales à mon égard, je me sens à mon aise en leur compagnie. Suzy m'a bien briefée sur la conduite à tenir et la façon d'aller vers un homme. C'est à peine si j'ai le trac quand j'entame la conversation avec mon premier client, un avocat. Je lui raconte que je suis comédienne, je lui parle de ma passion pour le théâtre, cela l'intéresse et ensuite nous passons à d'autres sujets, très naturellement, avant d'aller faire un tour sur la piste de danse.

J'adore jouer ce personnage de Sarah l'hôtesse de bar, qui danse et qui s'amuse. Pour moi qui ne suis jamais sortie, a fortiori en boîte de nuit, me retrouver dans cette ambiance de fête, où l'on danse et où l'on boit du champagne, a quelque chose de magique. Oui, je bois du champagne, et pas qu'un peu ! C'est si bon, ces bulles qui picotent le nez et qui me rendent légère et gaie. Si bon et si agréable pour compenser le goût des cacahuètes que je picore. Certains soirs, j'écluse une bouteille entière sans vaciller. Suzy ne m'a pas menti, je peux choisir mes clients. Les vieux, les gros et ceux qui veulent du sexe, je les laisse aux autres filles. Moi je fais la conversation et je danse, un point c'est tout. Il y a des habitués aussi, parmi lesquels un jeune musicien aux cheveux longs et bouclés que je trouve très beau.

*
* *

Quand le Whisper ferme, je rentre à pied rue de La Boétie, ce n'est pas très loin de l'Opéra et j'évite ainsi de dilapider en taxis l'argent gagné. Je dors deux ou trois heures et je repars à la fac, au conservatoire, au cours Florent. Mes journées sont trop remplies, trop longues, je suis épuisée. Au maximum, je travaille trois nuits par semaine, à condition de ne pas avoir de représentations ni d'examens. Pendant la période des partiels, je me concentre sur les examens et je ne mets pas les pieds au Whisper. Curieusement, mes règles, disparues depuis mes seize ans, reviennent à cette occasion, peut-être à cause du stress. Puis elles s'en vont, définitivement cette fois.

Le champagne me tient lieu d'aliment, le reste je le recrache, selon un rituel très codifié.

J'achète le genre de nourriture que j'aimais quand j'étais petite, steak haché/purée/yaourt nature normal. J'utilise une petite assiette en plastique de bébé et des minicouverts avec lesquels je coupe mon steak en tout petits morceaux. Puis, assise par terre sur le côté des toilettes, je mastique et je crache, avant de me rincer la bouche au Coca light. Cette pratique présente de nombreux avantages : elle est moins traumatisante pour l'organisme que les vomissements ; elle imite la normalité ; elle me permet de croire que j'ai trouvé une solution pour jongler entre ma peur de grossir et mes besoins organiques.

Si je n'étais pas aussi fatiguée, ce serait une période géniale. J'étudie et je gagne très bien ma vie en m'amusant, que demander de plus ?

*

* *

Aurélien, le beau musicien du Whisper, commence à s'intéresser à moi. Il me propose, un soir, de l'accompagner dans un club échangiste. Je trouve intéressante l'idée d'observer des gens en train de faire l'amour. Tout à fait le genre de choses dont Sarah est capable.

C'est une petite rue tranquille à côté de la porte Maillot. Un hôtel se signale par une enseigne rouge. Aurélien sonne, une dame nous fait entrer et prend nos manteaux. J'emboîte le pas à mon compagnon qui se dirige vers un escalier recouvert d'un tapis rouge maintenu par des barres de laiton. Un grand lustre aux pendeloques de cristal éclaire notre montée. Quel bel endroit !

À l'étage, un buffet est dressé dans une vaste pièce plongée dans une semi-pénombre. Quelques filles peu vêtues ou nues dansent, je les trouve très belles. La plupart des gens présents, dans l'ensemble d'âge moyen et pas désagréables à regarder, ont abandonné tout ou partie de leurs vêtements et sont en train de se restaurer. Aurélien me déshabille puis ôte ses habits. Je ne suis pas gênée, sauf pour mes seins qui tombent. Ensuite nous nous dirigeons vers le buffet où il se fait servir un whisky, moi je prends du champagne. J'ai soudainement faim, les canapés et les petits-fours me tentent. Pour la première fois depuis des mois, je mange vraiment, et avec appétit. C'est drôle de manger toute nue dans le noir et en musique !

Ensuite, toujours nus, nous montons encore un étage. Le palier central donne accès à une demi-douzaine de chambres pourvues de grands lits rouges. On peut regarder ce qui s'y passe grâce à des œilletons. J'ai l'impression de me promener dans *La Dame aux camélias*, la même atmosphère de débauche élégante que celle du film règne ici. Le spectacle ne m'excite pas, en revanche il me fascine et m'intéresse. C'est une formidable leçon d'éducation sexuelle dont j'ai bien besoin. Je regarde Aurélien faire l'amour à une femme avec l'attention d'un entomologiste pour un spécimen rare.

Techniquement, je suis toujours vierge, Georges ayant usé d'un autre orifice, et je n'ai pas l'intention de perdre mon pucelage ce soir. Quelques hommes s'approchent de moi et tentent de m'embrasser ou de me caresser, mais je les repousse. Moi qui ne sais pas dire non, pour une fois je me sens en position de dominatrice, une Marguerite Gautier d'aujourd'hui. D'ailleurs je m'inspire d'elle pour jouer Sarah au Whisper, cette promenade dans une orgie n'est qu'une autre scène dans la logique du scénario.

Aurélien me raccompagne rue de La Boétie. Il m'embrasse et me dit qu'il souhaiterait me revoir en dehors du Whisper. Une fois seule chez moi, je me mets à rêvasser. Je sais qu'il est divorcé et qu'il a deux enfants en bas âge dont il partage la garde avec son ex-femme. Ça ne me gêne pas, je me verrais bien en couple avec lui, m'occuper des enfants serait un plaisir.

Un prétexte se présente bientôt pour appeler Aurélien. Il s'y connaît en informatique, justement j'ai besoin d'aide pour installer ma connexion ADSL. Après avoir paramétré l'ordinateur, Aurélien vient me rejoindre sur le lit. Il m'a déjà vue nue, c'est un souci de moins, en revanche je m'abstiens de lui apprendre que je suis toujours vierge à vingt ans. Il expédie les préliminaires puis écarte mes jambes. Je voudrais qu'il mette un préservatif, il me dit qu'il n'en a pas sur lui. Avec un homme qui fréquente les clubs échangistes, ce n'est vraiment pas raisonnable de ne pas se protéger, mais j'ai trop envie de lui. Malgré mon désir, il n'y a rien à faire, une fois encore je suis trop contractée, Aurélien n'arrive pas à me pénétrer.

Nous nous revoyons au Whisper, mais notre histoire s'arrête là, à mon grand regret. Mon corps ne semble guère fait pour l'amour...

Chapitre 20

QUI TROP EMBRASSE…

Depuis que Maman n'habite plus avec moi, elle dépose chaque matin devant ma porte de l'argent et de la nourriture pour la journée. Elle ne sonne pas, elle ne cherche pas à me voir depuis que j'ai dénaturé son œuvre, c'est-à-dire mon visage, non, elle se contente de laisser son offrande sur mon paillasson. Je devrais m'en émouvoir, je suppose, mais il est trop tard.

Je mâche et je recrache les aliments qu'elle m'a apportés, sans en avaler une miette. Ensuite je lui dis que c'était très bon. Nous ne nous voyons plus, mais nous continuons de nous téléphoner. Il est amusant de constater comment un dispositif dit sans fil remplace avantageusement un cordon ombilical qui, dans le meilleur des cas, ne sert que pendant neuf mois. Sauf que dans le cas présent, il est bilatéral, le cordon virtuel. Elle a au moins autant besoin de ces coups de fil que moi, sinon plus. Il y a des jours où je pourrais m'en passer, pas elle. Et si je le lui avoue, je vais la dévaster. C'est plus facile de se taire, peut-être. Et tellement plus lourd en même temps. Comment avaler de la nourriture quand on a ravalé tant de paroles ? Le non-dit tient au corps.

Autant Maman sème le foutoir derrière elle, autant j'aime l'ordre et la netteté. Je brique mon studio à l'eau de Javel et je range mes affaires de manière à ce que rien ne dépasse. Si tout n'est pas impeccable, l'angoisse me serre le ventre un peu plus fort et monte d'un cran dans ma gorge.

*

* *

Ce soir, je joue du violon au City Zen, le bar de Natacha, une amie russe de Suzy. C'est son anniversaire et Suzy a organisé une fête surprise.

Il y a un buffet superbe, le champagne coule à flots et les filles ont mis leurs plus beaux atours. Elles doivent claquer un argent fou en vêtements, elles ne portent que des marques de luxe, des accessoires griffés et des montres avec des diamants. Moi, plus ça brille, plus ça me plaît. Je rêve de pouvoir m'offrir des lunettes de soleil Chanel, elles sont trop classe.

Au moment du gâteau, Natacha, très émue, pleure quand je lui joue *Les Yeux noirs*. Après, on danse et on fait la fête jusqu'au petit matin. Je mange et je bois, parce que Sarah peut tout se permettre. Sarah n'a jamais été enfermée, elle est allée à l'école, elle a plein d'amis. Elle est jolie, personne n'a jamais caché son visage sous des écharpes, et toujours très gaie. J'adore Sarah et je l'envie.

Le Whisper me sert d'école de la vie. Je parle avec les autres filles, elles me racontent leur histoire. Je me sens particulièrement proche de celles qui se prostituent, parce qu'elles ont souffert. Les clients m'apprécient du fait que je suis plus cultivée que mes camarades. Ils me racontent leurs problèmes de boulot et de couple, leurs femmes trop grasses ou trop froides. D'une autre façon, ils confirment les confidences de Maman : le mariage, une fois que les illusions qui y ont conduit sont dissipées, devient le lieu de toutes les frustrations et de tous les mensonges. Très peu pour moi !

*

* *

Sarah m'épuise. Après avoir fait la navette entre la fac à Saint-Denis, le cours Florent dans le XIXe et le conservatoire à Versailles, donné une ou deux représentations par semaine avec la troupe, j'aurais besoin de dormir au moins six heures par nuit pour être en état d'assurer sur le plan scolaire. Je ne crains qu'une chose : que mes notes baissent et que Maman s'aperçoive de ma double vie. En décembre j'ai amassé assez d'argent pour pouvoir procéder à la troisième et dernière opération, celle des lèvres.

Je ne passe qu'une journée et une nuit en clinique. En revanche, les douleurs durent pendant des jours. Les coutures tirent et j'ai du mal à articuler, ce qui est un handicap ennuyeux dans mon métier.

Maintenant que le chantier de ma figure est terminé, je vais pouvoir revoir Maman. Ces retrouvailles m'effraient.

*
* *

Début janvier, une mauvaise nouvelle me plonge dans la dépression. Le directeur de la troupe de théâtre m'informe qu'il ne peut pas me garder, sous prétexte que des spectateurs se sont plaints de ma maigreur excessive. Je me suis défoncée pour ce spectacle, j'ai aidé mes camarades moins expérimentés, et voilà comment on me remercie : en me jetant ! Je suis dégoûtée. Pendant quinze jours, je m'enferme dans mon studio et n'en sors que pour me rendre au conservatoire. Je ne mange rien, je mastique et je recrache, c'est tout.

Vers la fin janvier, un voisin de la rue de La Boétie s'alarme de la teinte bleue qui s'est répandue sur mon visage depuis quelques jours. Il prévient Maman qui m'appelle immédiatement. Je reconnais que je ne me sens pas bien du tout, je voudrais aller à l'hôpital. Mes parents viennent me chercher et me conduisent dans un nouvel établissement. Maman est si choquée qu'elle ne dit rien sur le coup, des résultats de la chirurgie esthétique. Il est vrai que je ne pèse plus que 28 kg, le même poids qu'à quinze ans, et ma tension est très basse : 7/4. Le médecin qui m'examine diagnostique une anorexie. En conséquence, je dois être séparée de ma mère et mise sous perfusion. Maman proteste mais le médecin lui demande de sortir.

J'ai entendu une fille que je connais parler des perfusions qu'on lui avait administrées pour soigner son cancer du sein. À chaque fois, disait-elle, elle prenait trois kilos. J'ai peur que la même chose ne m'arrive, alors je mords le tuyau en plastique de la perfusion pour empêcher le liquide de s'écouler. Quand l'infirmière s'en aperçoit, elle appelle le médecin qui décide de m'envoyer dans un hôpital psychiatrique où, selon lui, je serais plus à ma place. Il fait signer à mes parents une demande d'internement, puis une ambulance me transporte dans cet établissement. Malheureusement, il n'y a pas là-bas d'équipement de perfusion. Je suis incapable de me nourrir, très faible ; si on ne me réalimente pas d'urgence je risque de mourir dans les heures qui suivent. On me retransporte alors à l'hôpital, où l'on m'attache à mon lit par des sangles pour m'empêcher de bloquer ou d'arracher ma perfusion. La contention déclenche une crise de panique dans mon esprit perturbé par la dénutrition : je crie, je pleure, je ne sais plus où je suis ni qui sont ces gens vêtus de blouses vertes s'activant autour de moi.

Après une nuit agitée, Maman signe une décharge pour me faire sortir et m'emmène à l'hôpital de Versailles.

L'interne des urgences se montre catégorique : je dois être coupée du monde jusqu'à ce que j'aie repris un poids correct. J'accepte, parce que j'ai compris la nécessité de grossir pour vivre et que je ne veux pas que Maman me voit ainsi. Je reste hospitalisée pendant quinze jours. Au début, le médecin veut me poser une sonde pour me réalimenter mais je préfère essayer de le faire normalement. Jusqu'à ce que l'infirmière qui vient chercher mon plateau après le repas fasse ce commentaire : « Ah mais elle mange bien pour une anorexique, c'est plutôt une boulimique cette petite. » Horrifiée, je refuse désormais d'avaler quoi que ce soit. Le psychiatre de service passe me voir en coup de vent deux fois par semaine, non pour parler, juste pour me prescrire des pilules.

La structure dans laquelle je me trouve n'étant pas adaptée au traitement des anorexiques, il n'est pas question qu'ils me gardent. On me donne le choix entre l'hôpital de Fontainebleau et celui de Bondy, je choisis le second.

*

* *

Je pèse trente-quatre kilos quand je quitte Versailles. À Bondy, j'explique au psychiatre que je ne souhaite pas recevoir de visite de mes parents.

En revanche, j'aimerais que mes amis puissent venir me voir. Il acquiesce, pas de problème, mes parents seront interdits de séjour dans le service. Évidemment, ces derniers s'insurgent violemment contre cette décision, dont ils ignorent qu'elle répond à ma demande.

Les infirmières m'ont fouillée quand je suis arrivée, mais je suis parvenue à dissimuler mon portable. Je veux pouvoir garder un moyen de communication avec mes amis, n'ayant pas compris qu'en réalité c'est ce maudit cordon ombilical bilatéral que j'ai conservé. Maman m'appelle quinze fois par jour en numéro masqué, je réponds parce que j'espère qu'il s'agit d'une copine ou de Georges. Ne pas avoir le droit de me voir la rend folle. Elle me fait du chantage, puis comme ça ne marche pas, elle m'appâte en me disant qu'on pourrait aller faire du shopping toutes les deux. Elle connaît mon point faible ! Au bout de quelques jours, je m'ennuie tellement, claquemurée dans cette chambre d'hôpital, que je craque. Je descends la rejoindre dans le hall et nous allons nous promener dans un centre commercial proche. Une pause-café dans un bar nous donne l'occasion d'avoir une vraie conversation. Maman me dit qu'elle s'en veut parce que, depuis mon entrée à l'hôpital, elle réalise qu'elle a commis pas mal d'erreurs vis-à-vis de moi. En particulier en me taisant l'identité de mon véritable père, Bobby Hawk. Je la laisse parler sans poser de questions, ses propos ne faisant que confirmer ce que je sais depuis la découverte de la lettre adressée à son amant. Et puis moi aussi j'ai un secret honteux. Si jamais Maman apprenait que j'ai travaillé comme entraîneuse dans un bar, elle en mourrait !

Du moment que je m'alimente et que je reprends du poids, les médecins me laissent la bride sur le cou. Je vais et je viens à mon gré, personne ne s'inquiète de mes absences. Georges vient me voir. Il a compris qu'il s'était mal conduit au début avec moi, il le regrette et se montre très gentil. Nous serons amis pour de bon à partir de maintenant.

*
* *

Maman me parle d'un livre écrit par une jeune fille anorexique tombée à vingt-six kilos. Elle s'en est sortie grâce à une psychothérapeute nommée Denise de Villedieu. Tout ce que je retiens, c'est que mon cas est moins grave et que je pèse plus lourd. Il faut donc que je mange moins.

En tout, mon hospitalisation à Bondy dure trois mois. Pendant ce temps, Maman contacte Mme de Villedieu et lui expose mon cas. La psychothérapeute donne son accord pour me prendre en charge après mon hospitalisation, sans contrat de poids parce que c'est une méthode stupide à son sens.

Une psy, j'en vois une à l'hôpital. Mais je

n'arrive pas à lui déballer ce qui me tourne dans la tête ni à lui raconter mon histoire. Je ne fais que répéter que j'ai peur de grossir, sans répondre aux questions qu'elle me pose. Elle me sourit gentiment : « Mais parlez-moi ! On dirait un petit oiseau sur la branche. » L'expression me plaît – j'adore les oiseaux – cependant je reste muette. Au bout de dix minutes elle s'en va. Peut-être que si les entretiens duraient plus longtemps, j'arriverais à me décoincer.

*
* *

On ne me pèse qu'une fois par semaine, ce qui est une source d'angoisse. Sans moyen de contrôle sur mon poids, j'ai peur de grossir trop et trop vite. C'est pourquoi je demande à Maman de m'apporter une balance. Elle accepte, et je cache le précieux appareil au fond de ma valise pour le soustraire à la curiosité des infirmières qui me le confisqueraient si elles mettaient la main dessus. Tous les jours, je monte sur mon pèse-personne pour vérifier que je ne suis pas en train de me transformer en bibendum.

La fille occupant la chambre à côté de la mienne est boulimique et séropositive. On ne lui donne que des rations réduites, ce qui fait qu'elle crève de faim. Alors elle entame la tournée des chambres pour récupérer la nourriture dont les autres ne veulent pas. Comme je lui offre volontiers le contenu de mes plateaux, en échange elle me refile les pilules pour maigrir et les laxatifs qui lui sont prescrits. Ce traitement ne tarde pas à produire des effets, mon poids redescend à 37 kg. Les médecins s'inquiètent, mais ma voisine quitte l'hôpital pour un centre de convalescence et je perds mon dealer.

Les problèmes financiers de mes parents ne s'arrangent pas, je le sais par Maman qui se plaint du manque d'argent. Depuis que je suis hospitalisée, Le Gouen a perdu son nouvel emploi parce qu'il n'a plus la tête à son travail avec sa fille dans cet état. Il faut également dire que j'ai contribué à creuser le déficit en téléphonant à tort et à travers lorsque j'étais enfermée. Ma facture de portable se chiffre en centaines d'euros...

Quand le conditionnement s'y prête, je donne à Maman de la nourriture prise sur mes plateaux-repas, par exemple les portions de fromage préemballées et les barquettes de compote de fruit. C'est bien le moins que je puisse faire.

*

* *

À l'issue de mon séjour à Bondy, mon poids est remonté à 40 kg, un chiffre qu'il n'a pas atteint depuis bien longtemps. Les médecins me donnent le choix : soit je suis transférée dans un hôpital psychiatrique doté d'une unité spécialisée dans le traitement des troubles alimentaires, soit je peux sortir à condition de suivre une psychothérapie. Je préfère l'option hospitalière. Si je retourne rue de La Boétie, je crains que Maman ne s'y réinstalle afin de veiller sur moi, comme elle dit. Je me connais, je vais retomber sous son emprise. À l'hôpital, je me sens à l'abri. Et puis je ne crois pas être prête à reprendre mes études, le théâtre, le violon ; j'ai peur de craquer.

Chapitre 21

UNE RIVALE SÉRIEUSE

Au moment où je vais monter dans l'ambulance qui doit m'emmener à l'hôpital psychiatrique, Maman surgit et se jette sur moi. Elle est dans tous ses états, me supplie de renoncer à ce transfert, argue que ce n'est pas le genre d'établissement qu'il me faut. Si j'accepte de monter dans sa voiture, elle me conduira dans un endroit beaucoup mieux adapté, où l'on s'occupera bien de moi. Je n'arrive pas à lui résister, toujours aussi démunie devant ses manifestations grandiloquentes d'amour inquiet. Nous voici parties pour la clinique de Quincey, un établissement spécialisé dans les addictions et les troubles du comportement alimentaire situé dans la banlieue ouest de Paris.

*

* *

La clinique est nettement plus luxueuse que les hôpitaux dans lesquels j'ai été soignée. Les chambres, dans lesquelles règne une chaleur tropicale, sont décorées avec soin et pourvues de salles de bains dignes d'un hôtel. Je n'en profiterai pas car la porte de la mienne est condamnée, de peur que je ne l'utilise pour vomir. Le séjour doit coûter horriblement cher. Mes parents ont emprunté de l'argent à la famille pour pouvoir régler la note.

Deux psys viennent me voir chaque jour, un le matin, l'autre l'après-midi. Ils me posent deux ou trois questions, du genre : « Comment vous sentez-vous aujourd'hui ? » et « Qu'avez-vous mangé aujourd'hui ? », griffonnent quelque chose dans mon dossier et repartent. En général, ils ne restent pas plus de cinq minutes dans ma chambre. À part ça, on me donne quelques pilules, on m'apporte des plateaux auxquels je touche à peine, et voilà. Avec un traitement pareil, je ne suis pas près de guérir !

*

* *

Mme de Villedieu, mandatée par Maman, me rend visite. C'est une grande femme maigre d'une cinquantaine d'années, aux cheveux châtains coupés au carré, très souriante, très rassurante. Elle explique au médecin qui me suit qu'elle va me prendre en thérapie, il accepte de me laisser sortir le lendemain.

Ma nouvelle psychothérapeute me propose des entretiens quotidiens, auxquels elle me conseille de venir seule, sans mes parents. J'ai besoin de faire une coupure avec ma famille, de façon à ne plus baigner dans l'atmosphère conflictuelle qui y règne. En revanche, je pourrai les revoir pour des occasions agréables, type fête des Mères. Entre les entretiens, il faut que je remplisse mes journées avec des occupations plaisantes, aller au cinéma, lire, sortir avec des amis, visiter des musées, pour me détendre et retrouver goût à la vie. Enfin, elle voudrait que j'essaie de me réalimenter très progressivement, par petites quantités. Pas d'objectif de poids, pas de pression, pas de culpabilisation. Enfin quelqu'un qui a tout compris !

Les consultations se déroulent dans le grand appartement familial du VIIe arrondissement où vivent Mme de Villedieu, son mari et leur fils Christophe, âgé de douze ans. Elle est passionnée de musique et me propose de donner des leçons de violon à Christophe. Si je veux, je peux me servir dans sa bibliothèque et lui emprunter autant de livres que je le souhaite. Très vite, j'ai l'impression de faire un peu partie de la famille. Le jour de la fête de la Musique, Mme de Villedieu m'invite à la réception qu'elle donne chez elle et à laquelle assistent des musiciens célèbres et des gens du cinéma, sans dire que je suis l'une de ses patientes. Je suis extrêmement touchée par sa délicatesse.

Chaque entretien dure environ une heure trente et ressemble à une conversation. Je parle enfin librement de mon enfance. Parfois, nous allons à la cuisine et Mme de Villedieu me montre comment composer une assiette équilibrée et bien présentée qui me donne envie. « On mange aussi avec les yeux, il est important que ce soit joli », me dit-elle souvent, car elle connaît mon goût pour l'art. Elle m'apprend des astuces pour cuisiner des plats légers et sains. Si j'ai encore peur de grossir, me suggère-t-elle, je peux m'inscrire chez Weight Watchers par exemple.

Quand je sors de chez Mme de Villedieu, je me sens bien, calme, reposée. Rien à voir avec la culpabilité et la honte que j'éprouvais à l'hôpital.

*
* *

En quelques semaines, une amélioration notable se manifeste et je recommence à m'alimenter normalement, sans faire spécialement d'effort. Maman doit le sentir à distance, parce que c'est à ce moment qu'elle me propose de partir passer une semaine en Hollande avec elle. Mme de Villedieu donne son accord.

À Amsterdam, nous allons visiter la maison d'Anne Frank. Une violente émotion me saisit en découvrant le grenier où la petite fille passa, enfermée, les derniers mois de son existence. Pendant tout le voyage, l'angoisse m'étreint, je me sens grosse et nulle. Dès que je suis seule, je saute sur place comme si j'avais une corde à sauter, dans l'espoir de chasser la graisse de mon corps. Maman ressasse mes hospitalisations, pour se poser en victime. Elle se plaint que les médecins lui aient demandé de signer un internement d'office. Nous n'avons pas de conversations, que des disputes ; ou alors j'assiste à ses monologues, comme lorsque j'étais enfant à Arbonne-la-Forêt.

Néanmoins, elle commence à admettre que l'éducation qu'elle m'a donnée n'était peut-être pas exempte d'erreurs. Pour aussitôt en rejeter la faute sur Joseph qui n'était jamais là et se réfugier derrière son amour maternel. Elle critique les contrats de poids fixés dans les hôpitaux, me parle d'une anorexique traumatisée par une remontée à quarante-deux. « Toi, il faut que tu fasses quarante. » Quel malheur ce serait si je dépassais cette limite !

Elle a remarqué que j'aime les Mars, elle m'en achète par cartons. Je n'en peux plus de ce tête-à-tête auquel je n'arrive pas à échapper. Cependant Maman refuse de rentrer à la date prévue, nous restons une interminable semaine de plus.

*
* *

De retour à Paris, je reprends la thérapie avec Mme de Villedieu. Mais Maman ne va pas lâcher si facilement. Elle sent bien que j'ai changé, pris mes distances. Je parle de Mme de Villedieu avec un mélange de déférence et d'affection qui l'agace visiblement. Derrière mon dos, Maman appelle ma psychothérapeute pour tenter d'avoir des informations sur ce que je lui confie. Évidemment, Mme de Villedieu refuse de lui révéler quoi que ce soit sur nos entretiens ainsi que d'entretenir le moindre contact avec elle. En revanche, elle lui conseille de consulter un thérapeute de son côté et lui donne l'adresse de l'un de ses confrères, ce qui déclenche chez ma mère une violente colère. Comment, cette femme ose lui dire de se faire soigner ? Elle la traite de folle, autrement dit ? On va bien voir qui sera la plus forte, qui Isabelle choisira en fin de compte !

*
* *

J'ai besoin d'argent, mais je ne veux plus jouer de violon, ni aux terrasses des cafés ni ailleurs. Depuis mon séjour à l'hôpital, mon instrument me répugne. Mes doigts me font trop mal quand j'essaie de jouer, j'ai l'impression que les cordes me cisaillent la peau et appuient directement sur mes os. J'arrive à me faire engager dans un restaurant, malheureusement les plateaux sont trop lourds pour mes bras filiformes et je dois arrêter. Les autres serveuses ne m'épargnent pas non plus les commentaires désobligeants. On me traite de sidéenne, de cancéreuse, et autres amabilités. C'est fou ce que la maigreur peut déclencher comme hargne ! Peut-être que la vision de mon squelette rappelle à ceux qui le contemplent qu'ils sont mortels.

*

* *

C'est l'été de la grande canicule, une chaleur d'étuve déchaînée s'abat sur Paris, ramollit le bitume et exténue les habitants. J'ai peur de boire, que le liquide absorbé ne gonfle mon ventre. Pour me rafraîchir, j'utilise un brumisateur en pulvérisations sur le visage et les lèvres. Le matin, je mange un biscuit et un carré de chocolat, et plus rien d'autre de la journée. Chaque soir, je pars à pied dans Paris pour une expédition de plusieurs heures. De la rue de La Boétie, je me rends d'abord chez Mme de Villedieu dans le VIIe arrondissement, ensuite je marche jusqu'au XIIIe arrondissement et je redescends par la rue de Tolbiac vers les berges. Je traverse la Seine au Louvre, je remonte une partie de l'avenue de l'Opéra et je coupe en direction de la Madeleine. Une trotte, comme on dit !

L'exercice constitue un moyen sûr de contrôler mon poids. Et puis j'aime la ville de nuit, quand elle devient un lieu de fête. Je traîne sur les quais, là où il y a de la musique et des gens qui dansent. Je n'en peux plus de ma solitude, j'ai besoin de parler à des êtres humains, et tant pis si ce ne sont jamais les mêmes.

L'espace d'un moment, je suis une jeune fille presque normale, légère et gaie, qui tournoie dans les bras d'un inconnu par un beau soir d'été. Il m'arrive aussi de fumer un joint avec des routards qui campent sous un pont. Parfois un homme m'aborde ou un ivrogne m'injurie, mais ça ne va plus loin. Et je commence à avoir l'habitude de susciter l'agressivité, je me blinde.

Plus tard, sur le chemin du retour, je fouille les poubelles à la recherche d'un morceau de sandwich que je mastique et recrache. Moi, la maniaque de l'eau de Javel, l'obsédée de l'éponge et de la poudre à récurer, je mange les restes des autres trouvés dans leurs ordures ! Parfois, je croise le regard d'un clochard qui se livre à la même peu ragoûtante besogne. Je me sens proche de ce compagnon d'infortune, mais la honte me taraude : lui n'a pas le choix, moi rien ne m'y oblige. De nouveau, la maladie m'aspire et m'entraîne, hélas ! je n'en ai pas conscience.

Je change mon rituel du petit déjeuner. Chaque matin, je règle mon réveil sur six heures. Après une toilette rapide, je me pèse et je bois une gorgée – une seule, pas deux – de Coca light glacé. Ensuite je m'engouffre dans le métro jusqu'à la station Duroc, c'est direct depuis La Boétie. Il y a là-bas une boulangerie qui fabrique de délicates barquettes à la framboise dont je raffole. Je rentre avec mon petit gâteau emballé dans un papier blanc et rose et je me prépare une tasse d'infusion à la menthe et à la réglisse, que je déguste à la petite cuillère en grignotant ma barquette et la couverture chocolatée d'une barre glacée de Mars. Le reste part à la poubelle. Ensuite, je prends deux ou trois autres tasses d'infusion dans ma bouche par petites gorgées, et je les recrache. La solitude est mon convive, ma complice, nul regard extérieur ne me permet de comprendre l'ampleur de mon mal. Je me garde bien de raconter mes repas à Mme de Villedieu, ma folie est inavouable.

Chapitre 22

PLUS DURE SERA LA RECHUTE

Le statut de psychothérapeute de Mme de Villedieu ne l'autorise pas à délivrer d'ordonnance. C'est pourquoi elle m'adresse à une psychiatre de l'hôpital Cochin, qui commence par faire pratiquer des analyses. Je ne me sens pas à mon aise avec elle, et les heures passées dans la salle d'attente me lassent vite. Mme de Villedieu me trouve un autre médecin, assez âgé, qui se charge des prescriptions d'anxiolytiques. Il me raconte les difficultés rencontrées par les médecins qui soignèrent les survivants des camps de concentration après la guerre. Par un cruel paradoxe, ceux qui furent réalimentés trop vite moururent de cet excès de nourriture affluant dans un corps soumis à d'inhumaines privations. Il me met en garde : si je décidais de remanger normalement, je devrais le faire à l'hôpital car mon estomac risque de ne pas le supporter.

*
* *

Pendant ce temps, Maman monte la tête de mon beau-père, sur le thème « Cette psy est en train de nous voler notre fille, elle appartient à une secte, d'ailleurs elle n'a pas de plaque sur sa porte, c'est pour ça qu'elle l'empêche de voir sa famille. » Le coup de la secte revient dès qu'elle cherche à charger quelqu'un, c'est un bon support à la paranoïa, comme la théorie du complot.

Lorsque je retourne à Arbonne-la-Forêt pour mon anniversaire, Maman et Joseph se livrent d'ailleurs à un véritable numéro de duettistes de la critique à l'encontre de Mme de Villedieu. Malgré leurs efforts pour la discréditer à mes yeux, je tiens bon. Je leur répète les propos de ma psy qui trouve que la thérapie avance de façon très satisfaisante, et ceux du psychiatre, content de mes résultats d'analyses en voie de normalisation. Maman réagit violemment :

— Ils ne se rendent pas compte, tu es malade, très malade. Moi je te connais, je le sais.

Ensuite, elle dégaine l'argument financier : mes parents n'ont plus les moyens de régler les honoraires de la psychothérapeute. Pourtant, Mme de Villedieu veut bien fournir des feuilles de soins pour le remboursement par la Sécurité sociale et la mutuelle, ce qui ne laisse qu'une part assez modique à leur charge. En dernier ressort, Maman me fait du chantage au suicide, un de ses procédés favoris.

J'ai tenu tête à Maman pour la chirurgie esthétique, parce qu'en définitive ces opérations étaient destinées à me redonner un visage d'enfant. Je les voulais pour mieux lui plaire, pour combler son désir d'arrêter le temps, dans l'espoir qu'elle ne risque plus de me rejeter pour une autre, comme lorsqu'elle faisait venir une petite fille pour l'été. Avec la psychothérapie et Mme de Villedieu, le dilemme se pose différemment. Maman se sent évincée, son pouvoir sur moi battu en brèche. Il est vrai que je la vois sous un jour nouveau grâce aux entretiens avec cette femme. Je commence à comprendre le rôle pernicieux que ma mère a joué dans l'installation de ma maladie. Mais je ne suis pas détachée d'elle, il est trop tôt encore. Elle me harcèle, me met une pression infernale pour que j'arrête la psychothérapie, en usant de tous les arguments possibles. Elle est ma mère, elle seule sait ce qui est bon pour moi, elle seule m'aime vraiment, parce qu'il n'y a rien d'aussi fort que l'amour d'une mère. À moi de choisir mon camp : soit avec elle sans Mme de Villedieu, soit avec Mme de Villedieu contre elle. Cette dialectique radicale me met dans une position intenable : je craque.

Je décale un rendez-vous avec la psychothérapeute, puis rappelle le lendemain afin de le reporter d'une journée supplémentaire, pour en définitive ne pas y aller. Deux jours plus tard, le mari de Mme de Villedieu frappe à la porte de mon studio, rue de La Boétie. Devant mon air surpris, il m'explique que sa femme s'inquiète de ma disparition. Le rouge de la honte colore mes joues pâles : elle a essayé de m'appeler plusieurs fois et je n'ai pas décroché. Ce n'est pas correct, surtout avec une personne qui s'est montrée aussi bonne avec moi. Je présente mes excuses et je prétexte que j'ai beaucoup de travail, en promettant de rappeler bientôt. Mais je n'ai pas le courage de lui parler. Mes parents s'en chargent. Mme de Villedieu ne se laisse pas abuser par leurs explications bidon et traite ma mère de menteuse, ce qui ne contribue pas à la calmer.

Je me reproche ma lâcheté, je regrette d'abandonner la thérapie, je m'en veux de mon impolitesse envers cette femme. Que de fautes à ressasser, que de raisons de me sentir coupable ! Jamais plus je n'oserai affronter le regard de celle qui voulait me sauver.

*

* *

Dès que je me lève, je me pèse. Souvent, je me pèse à nouveau dans la journée et le soir avant de me coucher, afin de vérifier si l'eau que j'ai bue n'a pas affecté démesurément mon poids. Plus je suis angoissée, plus je me pèse. J'espère toujours que le chiffre qui va s'inscrire sur le cadran entre mes pieds sera inférieur au précédent.

En ce moment, il tourne autour de trente kilos, à plus ou moins deux cents grammes selon l'heure de la pesée. Quelque part dans la partie rationnelle de mon cerveau, je sais qu'il faudrait que je grossisse, pour ma santé. Mais l'idée d'avoir des formes me donne un haut-le-cœur. À Bondy, un médecin m'avait dit : « Les hommes préfèrent les femmes avec des rondeurs bien placées. Les planches à pain, ça ne fait envie à personne. Tiens, regarde ta mère, on dirait un cadavre. Ce n'est pas ça, une femme. » Quel imbécile ! La dernière chose que je souhaite, c'est plaire aux hommes. Je sais bien que c'est l'ambition principale des filles de mon âge, je les vois se tripoter les cheveux et battre des cils dès qu'un garçon potable rentre dans leur champ de vision. Mais ce n'est pas la mienne. Je préfère de loin qu'ils m'ignorent. La seule personne au monde à laquelle je veux plaire, c'est Maman. Le médecin de Bondy n'y connaît rien : ma mère est très belle, et je ne désire qu'une chose, lui ressembler. Elle pèse cinquante kilos pour un mètre soixante-cinq et se plaint constamment d'être trop grosse. C'est peut-être à cause de son expression de tristesse qu'elle paraît plus maigre qu'elle n'est.

Dans ces hôpitaux, ils se trompent sur la façon d'aborder les anorexiques. Leurs cachotteries stupides, par exemple concernant le nombre de calories administrées par perfusion, renforcent l'angoisse. Les infirmières répètent mécaniquement : « C'est le protocole, on ne doit rien vous dire. » Est-ce vraiment en nous traitant avec mépris qu'on va nous guérir ?

Je déteste quand on me dit que j'ai bonne mine. Cela ne peut signifier qu'un truc : j'ai grossi.

Il y a au moins une chose que j'ai réussie : devenir le principal sujet de préoccupation de mes parents. Ma maladie est leur croix, c'est à cause d'elle que mon beau-père ne peut pas travailler, raconte-t-il. Je lui fournis un alibi pratique. Quant à Maman, elle tient un sujet de lamentation inépuisable. Finalement, nous y trouvons notre compte tous les trois...

*
* *

En septembre 2003, je réussis le concours du cours Florent qui permet d'être admis en classe libre. Chaque année, trente candidats sont choisis, avec pour avantage principal la gratuité des cours. À la fac, je suis passée en licence de théâtre après le DEUG de cinéma, parce que cela correspond mieux à ma vocation. Il me reste deux UV à passer pour décrocher ma licence, ce qui ne m'empêche pas de commencer les cours de maîtrise. Mon cours préféré porte sur le théâtre romantique et les grandes mises en scène des pièces d'Alexandre Dumas et Victor Hugo.

En novembre, Ludovic veut récupérer le

studio de la rue de La Boétie pour y loger l'aînée de ses enfants qui rentre à l'université. Mme de Villedieu m'avait conseillé de déménager, pour ne pas rester dans l'endroit où ma mère m'avait installée et avait vécu avec moi. Elle disait que j'avais besoin d'avoir un lieu à moi, vierge de souffrances, un territoire qui m'appartienne en propre et sur lequel Maman n'ait pas imprimé sa marque.

J'aimerais beaucoup emménager au Palais de la Femme, un foyer situé boulevard de Charonne et tenu par l'Armée du Salut. Comme son nom l'indique, seules les femmes peuvent y loger. Je l'ai découvert en rendant visite à une copine de la fac. Les chambres ne sont pas grandes, environ sept mètres carrés, mais l'ambiance est très sympa. Malheureusement, il y a une liste d'attente longue comme le bras et on demande une caution des parents. Les miens ne possèdent pas les références exigées. Il me faut donc décamper de la rue de La Boétie sans avoir trouvé de solution de rechange. Maman me déniche un petit hôtel dans le XIXe arrondissement, pas loin du cours Florent. Une chambre y coûte deux cent cinquante euros par semaine, un prix trop élevé pour le budget de mes parents. Je ne leur ai rien demandé, mais comme d'habitude elle prend les devants et je me laisse faire.

L'hôtel est vieillot, la chambre minuscule, mais je m'y sens bien. Elle est équipée d'une petite kitchenette qui me donne envie de me faire à manger. Je recommence à boire et j'essaie de revenir à une alimentation plus saine. Je me confectionne du bouillon de légumes (dont je ne mange pas les légumes) que j'accompagne d'un carré de fromage frais allégé. C'est toujours insuffisant, mais au moins il y a des sels minéraux et du calcium. Le matin, je prends un café avec du lait écrémé, ou si je n'ai pas eu le temps, je me sers au distributeur automatique du cours Florent, soit un café sucré, soit un potage à la tomate. Mon poids remonte à trente-trois kilos, mais je n'arrive pas à m'y tenir et je redescends à trente kilos. De toute façon, je ne fais pas la différence, je me vois aussi grosse à trente qu'à trente-trois.

*
* *

Ma santé commence à me préoccuper car je veux disposer d'assez d'énergie pour vivre ma passion du théâtre et profiter de l'enseignement dispensé au cours Florent et à la fac. Surtout que je travaille actuellement, après un casting réussi, sur un projet d'adaptation théâtrale du film *Face à face* de Bergman, dans lequel je tiendrai le premier rôle. Cela demande des forces.

Parfois Maman vient passer la nuit dans sa voiture, garée en face de mon hôtel. Elle s'inquiète pour moi, dit-elle. Si ça l'amuse de dormir recroquevillée sur une banquette pour m'apercevoir vingt secondes ! Moi je m'en fiche, ça ne m'empêche pas de mener mon existence réglée par les cours et les répétitions.

Au mois de novembre, mon taux de potassium sanguin chute et les crampes reviennent. J'ai la bêtise d'en parler à Maman qui s'affole et envoie le SAMU au cours Florent où je m'apprête à passer une scène qui compte pour l'examen de fin de trimestre. La secrétaire vient me prévenir qu'une ambulance envoyée par mes parents m'attend. Je n'ai pas envie d'aller à l'hôpital, j'ai mieux à faire ici, mais le médecin m'effraie en affirmant que mon cœur risque de s'arrêter d'une seconde à l'autre à cause du manque de potassium.

À l'hôpital, un psy vient m'examiner. Pour commencer, il me demande mon poids, je réponds : « Trente-trois kilos. » Il fronce les sourcils et assène : « Internement, internement. » Son interrogatoire s'arrête là, aucune discussion, juste un verdict, le pire qui soit pour moi. L'internement est synonyme d'enfermement, et j'en ai eu plus que ma dose. On me prend mes affaires, on me confisque mon portable et on m'incarcère dans une chambre transformée en cellule, où l'on a même retiré les poignées des portes. Une perfusion m'est administrée, je ne sais pas ce qu'il y a dedans. On ne me parle pas, à la limite c'est comme si je n'existais plus en tant que personne, je suis moins qu'une malade, une malade mentale.

Le lendemain matin, je mange tout ce qu'il y a sur le plateau de petit déjeuner qu'on me sert et redemande un café au lait car j'ai soif. Je n'ai qu'une idée : sortir, donc je fais des efforts pour m'alimenter. Une infirmière recense ce que j'ai consommé, puis annote la feuille affichée au bout de mon lit. J'attends qu'elle soit partie pour me lever et regarder ce qu'elle a marqué. « Boulimique » ! C'est insupportable : puisque c'est ainsi qu'on me catalogue, je ne mangerai plus rien. Mes parents arrivent un peu plus tard et signent une décharge pour m'emmener avec eux.

*

* *

Ma grand-tante décède en novembre. Maman récupère son fauteuil roulant à mon intention. Elle m'explique : « Tu comprends, quand tu es très fatiguée, ça permettra de faire les magasins, je te pousserai. » Effectivement, je trouve l'idée bonne et suis reconnaissante envers Maman qui pense à ma fatigue.

Quand nous allons faire un tour dans un centre commercial, j'ai l'impression, pas désagréable je l'avoue, d'être promenée en poussette comme lorsque j'étais petite. Mais le regard curieux, insistant, des gens que nous croisons pollue mon plaisir. Certains viennent interroger ma mère, veulent savoir de quel handicap ou de quelle maladie je souffre et ne s'embarrassent pas de précautions oratoires. « Elle a le sida ou le cancer, votre petite ? » Maman les envoie sèchement balader en leur conseillant de s'occuper de leurs affaires. Mon beau-père, lui, prend un air important quand il me pousse dans les allées. Un jour où il a oublié le fauteuil roulant, Maman me propose de m'installer dans un chariot. Je suis trop faible pour y grimper, c'est Le Gouen qui me prend dans ses bras et me dépose sur un coussin, au fond du panier grillagé.

Une fois, une jeune fille vient me parler, je la rembarre. Elle s'excuse : « Je suis désolée, c'est parce que j'ai eu un cancer et je voulais vous dire de tenir bon et vous remonter le moral, aujourd'hui on s'en sort. » J'ai tellement honte que je voudrais disparaître sous terre.

*

* *

À Noël, nous partons tous les trois à Salzbourg. Ce petit voyage me fait plaisir, quoique je me sente très faible. Mais, à peine arrivés, les ennuis commencent. La carte bancaire de mon beau-père est bloquée à cause d'un découvert, il ne peut donc ni régler l'hôtel ni tirer du liquide. Nous repartons en catastrophe et l'équipée tourne à la débandade. Comme d'habitude !

En janvier 2004, une place se libère enfin pour moi au Palais de la Femme. La chambre coûte trois cents euros par mois, presque le quart du prix de l'hôtel. Malheureusement, la directrice du foyer me prend en grippe à cause de ma maigreur et ne tarde pas à me virer. À nouveau sans toit, je trouve une chambre chez l'habitant à Créteil, dans l'appartement d'une Cambodgienne qui vit là avec sa petite fille. Une étudiante libanaise occupe l'autre chambre.

L'endroit où je me sens le mieux, c'est le cours Florent. Au début, j'ai raconté à mes camarades que je dois ma maigreur à des causes héréditaires, photos extraites de l'album familial à l'appui. Il m'a fallu du temps, et le soutien d'une copine qui avait deviné mon secret, pour avouer mon anorexie. Quoi qu'il en soit, ils m'ont adoptée et me donnent la becquée comme à un moineau, qui un morceau de sandwich, qui un bout de croissant. Je regrette d'être trop fatiguée pour sortir et faire la fête le soir avec eux. Les professeurs m'encouragent, particulièrement François Florent, le directeur et fondateur, dont j'ai l'impression qu'il m'apprécie beaucoup. Ici on m'accepte telle que je suis et on croit en moi.

Je ne consulte plus le vieux médecin auquel Mme de Villedieu m'avait adressée, Maman trouve qu'il prescrit trop de médicaments. Du coup, je n'ai plus de suivi médical et ne fais plus d'analyses. Mon organisme tient à peu près, jusqu'à ce que j'attrape une grosse rhino-pharyngite qui me crève. Pendant quinze jours, je n'arrive plus à mettre un pied devant l'autre, au point de renoncer à aller au cours. Je reste à Créteil, me traînant du lit aux toilettes et retour. Il m'arrive même de m'évanouir. La Cambodgienne, très maniaque, me fait un scandale parce que j'ai laissé des traces de sang sur le sol du couloir. Je ne la supporte plus !

*

* *

Mes parents étant en train de faire des travaux dans un hôtel près de Rambouillet, ils me proposent de les rejoindre. Je dors dans leur chambre. Le matin, ils commandent deux petits-déjeuners, pas trois. Les mini-viennoiseries me font envie. Si seulement j'étais capable de le dire... Mon poids est descendu à vingt-sept kilos, je suis extrêmement fatiguée. Un médecin appelé en consultation me prescrit une perfusion à domicile et des compléments alimentaires. C'est une découverte, je ne savais pas que c'était possible. Une infirmière vient me la poser, ensuite il suffit de changer la poche. Évidemment Maman refuse d'y toucher, ayant très peur d'envoyer de l'air dans le tuyau et de me tuer. C'est Le Gouen qui doit s'en charger. Il s'en acquitte en râlant, parce qu'il a mieux à faire. Il est en train d'enregistrer des histoires drôles racontées par un restaurateur dans lequel il voit le prochain Coluche, ce qui nécessite tout son temps et sa concentration. C'est beaucoup plus intéressant que de s'occuper de moi, sans doute...

Chapitre 23

SPIRALE HOSPITALIÈRE

La perfusion m'a regonflée, les vacances de Pâques approchent et j'ai envie de partir. Maman m'a beaucoup parlé de la région d'Uzès, où elle et mon beau-père habitaient avant ma naissance et où elle avait été heureuse. Je lui propose de descendre là-bas toutes les deux.

Elle met un sac de voyage et mon fauteuil roulant dans le coffre d'une voiture empruntée à un copain de Le Gouen, puis nous prenons la route. Nous allons d'abord à l'hôtel, mais Maman perd l'argent qu'elle avait emporté pour payer nos dépenses. Nous sommes contraintes de trouver une solution plus économique, c'est-à-dire une location. J'utilise ma carte bancaire, mon beau-père, auquel nous avons téléphoné, m'assure qu'il va verser un chèque sur mon compte, de manière à éviter que je ne me retrouve à découvert. Promesse en l'air ! En rentrant, je découvre que je suis dans le rouge foncé.

Pourtant, ces vacances sont agréables, je

reprends goût à la vie grâce au contact de la nature. Je me nourris – une fois par jour, pas deux, il ne faut pas rêver – de petits plats tout prêts, certes peu consistants (environ 300 calories par portion) mais plus équilibrés que mon régime habituel. Je m'autorise aussi des sucettes qui me rappellent mon enfance et de la brioche de Pâques au sucre appelée Saint-Genix, une spécialité de la région. Je cuisine pour Maman, et nous discutons de façon plus détendue que nous ne l'avons jamais fait. Elle me parle abondamment de Bobby, sur lequel je lui pose beaucoup de questions. J'essaie également de lui redonner confiance en elle, de lui faire comprendre qu'il n'est pas trop tard pour rattraper le temps perdu et renouer avec celui qu'elle aime toujours. Mais elle ne m'entend pas.

*
* *

Au retour, je n'arrive pas à conserver une alimentation décente, et mon poids repart à la baisse. Le médecin me prescrit des compléments alimentaires, mais je ne peux pas les absorber parce que l'étiquette mentionne « boisson superénergétique ». Un vrai repoussoir ! Il suffirait que les mots magiques « repas minceur » soient inscrits sur la bouteille pour que je les avale sans broncher. Tout est une question de vocabulaire avec les anorexiques !

Il m'arrive d'utiliser le fauteuil roulant pour aller à la fac, quand je suis trop fatiguée. Les locaux de Paris VIII, fac de construction récente, sont aménagés pour les handicapés, ce qui me facilite la vie. Je croise des étudiants eux aussi en fauteuil, et cette similitude crée une solidarité entre nous. Mais je n'ose avouer la vérité sur mon état, j'aurais trop honte vis-à-vis d'eux qui sont réellement invalides et ne pourront jamais remarcher.

*
* *

Au mois de juin, mes parents réussissent à récupérer, auprès de Ludovic, le studio de la rue de La Boétie, en échange d'un supplément de travaux. J'y emménage à nouveau sans que, à mon grand soulagement, ma mère ne s'y réinstalle.

Je passe tous mes examens avec succès, sauf le dernier du cours Florent, parce que j'ai un partiel à la fac au même moment. J'obtiens ma licence avec une mention très bien qui me remplit de fierté. L'année universitaire se termine avec un spectacle monté par les étudiants, sur un texte écrit par un professeur. J'y tiens le premier rôle, celui d'un fantôme pour lequel mon physique diaphane me désigne tout particulièrement. Après la représentation, tous les profs de la fac viennent me féliciter.

La période des répétitions est une sorte d'entracte dans la maladie. Quand je termine tard, je picore avec mes camarades au lieu de rentrer chez moi et de me retrouver seule avec mes compulsions rituelles. Plus de mâcher/cracher, plus de vomissement. Je discute avec eux sans penser à ce que je suis en train d'ingérer. Il suffit que mon esprit soit occupé ailleurs pour que la nourriture trouve naturellement son chemin dans mon organisme. Ou alors il faut que je mange dans le noir, pour ne pas voir ce que j'avale ni surtout être vue en train de me nourrir, comme lorsque Aurélien m'a emmenée dans la boîte échangiste, ou comme le lendemain soir du spectacle de fin d'année à la fac, où nous sommes partis en bande pique-niquer et avons passé la nuit dans le parc des Buttes-Chaumont.

*
* *

L'arrivée des vacances me terrorise, parce qu'elle me renvoie à ma solitude. En plus, je dois rendre l'appartement de la rue de La Boétie. Je trouve un studio de quinze mètres carrés dans une petite rue glauque à côté de l'avenue de Clichy, dans le XVIIe arrondissement. Je ne connais personne dans ce quartier malfamé, où je me fais souvent accoster dans la rue, parfois insulter, et même cracher dessus. Je me suis habituée, tant bien que mal, aux réactions agressives que ma maigreur suscite, mais je ne m'y fais pas. Mon état physique n'est-il pas le témoignage de la souffrance que j'endure ? Est-ce si compliqué à comprendre ?

*
* *

Mes parents m'emmènent en Bretagne. Nous allons voir ma grand-mère qui est atteinte de la maladie d'Alzheimer. Lorsque mon oncle annonce qu'il veut la faire entrer dans une maison spécialisée, Maman pique une véritable crise de nerfs. Pourtant il n'y a pas d'autre solution, et c'est en fin de compte celle qui sera adoptée. Je remarque que Maman est en quelque sorte contaminée par le langage dégradé de sa mère, sûrement à cause des longues conversations téléphoniques qu'elles continuent d'avoir chaque jour. Comme ma grand-mère, elle répète sans fin les mêmes phrases et ses propos sont souvent décousus.

Mes cousins m'ignorent, mon oncle (qui déteste mon beau-père à cause des histoires d'argent) et ma tante également ne font aucun cas de moi, à peine si elle me regarde. Je me sens de plus en plus mal dans cette ambiance sinistre, au point que Maman appelle les pompiers qui m'emmènent à l'hôpital de Brest. Cette fois, c'est mon taux de sodium sanguin qui est trop bas ; je ne pèse plus que vingt-sept. On me réhydrate par perfusion et je peux sortir au bout de quarante-huit heures. Une fois de plus, je suis en butte aux réflexions stupides des infirmières qui me traitent de boulimique parce que j'ai mangé une tartine au petit-déjeuner. Ensuite, je ne peux plus rien avaler.

*
* *

Une dizaine de jours plus tard, nous quittons la Bretagne et partons pour Nantes. À nouveau je suis prise de vertiges et je ne tiens plus sur mes jambes. Les pompiers qui viennent me chercher ne s'en soucient pas, me mettant debout sans ménagement : « Allez, vous pouvez marcher. » Quand ils me saisissent sous les bras, j'ai l'impression que leurs doigts me rentrent dans la chair. À l'hôpital je n'ai pas droit à un meilleur traitement. L'interne de garde veut me poser une sonde, ce qui me terrorise. Je refuse et promets d'essayer de m'alimenter normalement. Le Gouen est reparti à Paris, je suis seule avec Maman qui n'a plus un sou et nulle part où dormir. L'hôpital accepte qu'elle partage ma chambre et je lui donne mes plateaux-repas. Autant qu'elle les mange plutôt que de les laisser. Cela me gêne de manger devant elle, comme si c'était un acte obscène. Les médecins s'étonnent que je ne reprenne pas de poids, ils me prescrivent en plus des compléments alimentaires, mais c'est Maman qui les avale car je l'en supplie. Heureusement qu'on m'a laissé une perfusion ! Mon cas n'intéresse personne, les médecins passent en coup de vent dans ma chambre, ce qui explique pourquoi ils ne détectent pas notre manège. Je reste hospitalisée quinze jours, en attendant qu'on me trouve un autre établissement avec un service spécialisé.

Maman obtient de me faire transférer à l'hôpital de Brest où j'étais précédemment. Là, rebelote, elle dort dans ma chambre et mange mes repas, toujours à ma demande je tiens à le préciser. Nous sommes deux égarées qui ont trouvé refuge dans un hôpital, voilà la vérité.

*

* *

Le premier soir, Maman laisse une partie du plateau, pour préserver la vraisemblance. Le médecin arrive et fronce les sourcils : « C'est tout ce que vous avez mangé ? Ce n'est pas avec ça que vous allez reprendre du poids ! Il faut qu'on vous mette une sonde. »

Le lendemain matin, un médecin et deux infirmières entrent dans ma chambre avec un chariot chargé de boîtes et de flacons et une potence à laquelle est suspendue une sorte de boîtier en plastique. Pour commencer, on m'attache. Puis, pendant que l'une me tient la tête renversée vers l'avant, l'autre introduit un tuyau en plastique dans mon nez. À cause de la chirurgie esthétique que j'ai subie, mes narines sont particulièrement étroites, ce qui rend l'opération encore plus difficile qu'à la normale. Plusieurs tentatives sont nécessaires. Je sens ce corps étranger remonter vers mon cerveau, c'est une impression horrible.

Mais je ne suis pas au bout de mes peines. Ensuite, il faut faire descendre le tuyau dans l'œsophage. Une infirmière me force à boire de l'eau en me répétant : « Avale, avale ! » pendant que l'autre pousse le tube dans mon nez. Je revois Georges pousser ma tête vers son sexe, et une même nausée me fait hoqueter. Le goût du plastique est immonde, le tuyau me racle douloureusement la gorge et mon estomac se contracte comme s'il allait se retourner.

Ensuite on m'emmène passer une radio pour vérifier que l'extrémité de la sonde est bien en place. Une infirmière accroche une poche qui contient une substance pâteuse à la potence. Elle la relie au boîtier en plastique par un tuyau qui ensuite est raccordé au tube qui s'enfonce dans ma narine. Puis on lance la machine infernale qui envoie le contenu de la poche directement dans mon estomac. Cela fait un bruit de succion répugnant, jour et nuit. On m'a placée sur un matelas d'eau pour éviter les escarres. Entre le glouglou qu'il produit au moindre mouvement et le slurp rythmique de la sonde, il m'est pratiquement impossible de fermer l'œil. Un jour, je vomis la sonde et je suis obligée de sonner l'infirmière. Elle m'engueule – comme si j'avais fait exprès : « C'est dangereux, vous auriez pu vous étouffer si la sonde était partie dans les poumons. » Merci de me l'apprendre !

*
* *

Je garde la sonde pendant quinze jours sans pratiquement reprendre de poids par rapport à mes vingt-six kilos de l'admission. Pourquoi m'inflige-t-on ce supplice aussi longtemps s'il est inefficace ? Les médecins sont mécontents et menacent de m'envoyer en réa. Je n'en peux plus. Maman appelle Le Gouen à la rescousse. Une nuit il vient m'enlever par la fenêtre (ma chambre est située au rez-de-chaussée). Je pars avec la sonde et la perfusion. Dans la voiture, j'arrache le tuyau qui plonge dans mon estomac. Il remonte en laissant dans ma bouche et mon nez un goût d'excrément qui m'obsédera longtemps. Je laisse la perfusion jusqu'au matin. Quand l'hôpital s'aperçoit de ma disparition, on appelle mes parents qui répondent : « Oh, ça doit être son petit copain qui l'a enlevée, il ne faut pas s'inquiéter. »

Nous partons visiter le mont Saint-Michel, moi dans mon fauteuil roulant poussé par mon beau-père. Je remange un peu, de peur de me retrouver à nouveau dans un hôpital avec une sonde. Puis nous rentrons à Paris.

Chapitre 24

UNE BOUFFÉE D'OXYGÈNE

À notre retour à Paris, je réintègre mon studio du XVIIe. Je suis plus fatiguée que jamais. Me lever le matin devient presque insurmontable. Mes parents passent de temps en temps voir comment je vais.

Mon beau-père se fait embarquer par la police à cause d'une sombre histoire de matériel volé dans un magasin. Bien qu'il soit rapidement mis hors de cause et relâché, cet incident déclenche une crise de panique qui a pour effet de faire brutalement baisser mon taux de potassium et de sodium sanguins. Je me mets à délirer, j'envoie balader tout ce qui m'entoure, je crie, je pleure, je raconte n'importe quoi. Mes parents, affolés, m'emmènent à l'hôpital de Boulogne. Le médecin nutritionniste qui me prend en charge n'a jamais vu un sodium aussi bas. Il regarde mes résultats d'analyses avec des yeux incrédules et me demande : « Ça fait combien de temps que vous n'avez pas mangé de sel ? »

On me met sous perfusion et on me fait avaler des compléments alimentaires. Après une journée de délire plus ou moins continu, je me sens un peu mieux. J'ai été admise un vendredi, le lundi suivant mes parents viennent me chercher. Le nutritionniste n'est pas d'accord pour me laisser sortir, mais mon beau-père signe une décharge.

*

* *

Je ne reste pas longtemps chez moi. Les malaises reviennent, j'appelle mes parents qui m'envoient le SAMU. Les infirmiers n'arrivent pas à me piquer aux bras, mes veines sont trop fines et se dérobent sous l'aiguille. Il faut me poser un cathéter fémoral, c'est-à-dire dans la cuisse, pour commencer à me perfuser pendant le transport. Cette fois-ci je me retrouve à l'hôpital de G., car Boulogne est complet.

Il n'y a que des internes, pas de médecin. On me pose une sonde et on m'interdit tout contact avec l'extérieur, je n'ai même pas le droit de regarder la télévision ! J'ai beau dire que je ne veux pas de sonde et que j'accepte de m'alimenter, personne ne s'en soucie. Si on ne me donne pas à manger, me dis-je, c'est que je n'en ai pas besoin. Je n'ai le droit de rien faire, même pas d'aller aux toilettes.

De tous les hôpitaux dans lesquels j'ai séjourné – et ça commence à faire un certain nombre –, G. est sans conteste celui dont je garde le pire souvenir. Beaucoup de bruit, peu de discrétion sur les maladies des uns ou des autres, la radio à tue-tête en réa, un vrai barnum !

Je suis fatiguée et j'ai froid, les infirmières s'en fichent. C'est vraiment le service minimum : on vérifie ma glycémie mais pas ma température. Quant à la toilette, elle est très succincte. Sinon on se serait rendu compte que le cathéter fémoral s'est infecté. Je me retrouve avec une phlébite et quarante degrés de fièvre, ce qui me vaut de repartir en réanimation trois jours après en être sortie.

Le psychiatre passe me voir deux minutes : « Vous êtes complètement délirante ! Bon, on y va. À la semaine prochaine. » Ou bien : « Pensez à votre cas, réfléchissez à la situation. » Pas d'entretien de psychothérapie, on me retient en attendant que je trouve la solution toute seule, ce qui témoigne d'un certain optimisme dans la capacité d'auto-guérison des malades. Ou d'un manque de foi dans l'efficacité de la médecine, allez savoir ! Comme d'habitude, on ne m'explique rien, ni sur ma maladie ni sur le traitement.

Quand je demande qu'on me laisse descendre à la chapelle pour prier, l'infirmière me répond : « Ah, on les connaît, les anorexiques qui jouent les croyantes pour vider leur sonde ou vomir ! » Je voudrais communier, j'espère un miracle. Qui est le plus délirant ? Les médecins ou moi ?

Cette fois, j'ai réussi à garder mon portable.

J'appelle mes parents pour qu'ils m'extirpent de cet enfer. Mais il est plus facile d'entrer à G. que d'en sortir. Finalement, je ruse en prétendant que j'ai besoin de revoir mon chirurgien esthétique car mon menton cicatrise mal à cause de la dénutrition. Une ambulance me transporte à son cabinet où je retrouve mes parents qui m'emmènent à Arbonne-la-Forêt.

*
* *

À l'hôpital de Versailles, Maman a entendu parler d'une technique appelée EMDR (Eye Movement Desensitization and Reprocessing, en français désensibilisation et retraitement par les mouvements oculaires). Mise au point par une psychothérapeute américaine, elle vise à déprogrammer des souvenirs traumatisants et des émotions négatives en stimulant les deux hémisphères cérébraux en même temps. La rapidité d'action constitue son avantage principal sur les psychothérapies qui parfois demandent des années.

Nous partons à Montpellier consulter le médecin trouvé par Maman. Il commence par me dire que pour lui l'anorexique est quelqu'un d'avide qui cherche à contrôler son appétit. Son discours me hérisse. Puis il me parle pour que je me relaxe et me place dans l'état émotionnel provoqué par la nourriture. Assis en face de moi, il fait bouger une baguette devant mes yeux de droite à gauche et retour, pendant plusieurs minutes. Au bout d'un moment, j'ai l'impression d'avoir les yeux qui se croisent. La séance ne me procure pas de changement notable. Il nous indique un médecin parisien qui pratique cette technique, car il est évidemment hors de question que je vienne à Montpellier chaque semaine pendant des mois, à cent euros la consultation pas remboursée plus le TGV.

Le docteur Robert a une cinquantaine d'années, les cheveux grisonnants et une voix douce. Quoique psychiatre, il ne semble pas me prendre pour une folle. Et son tarif est plus raisonnable : cinquante euros. Au départ, nous travaillons sur ma timidité, mon manque de confiance en moi, pas sur l'anorexie. Cette attaque par la bande m'aide à me décontracter. Pendant qu'il passe et repasse son doigt tendu devant mes yeux, je dois repenser à des événements douloureux du passé ou à des cauchemars, jusqu'à ce que je puisse remplacer ces mauvais souvenirs par des sensations positives. Les premiers résultats se font sentir assez rapidement. Je prends de l'assurance, sur scène et dans la vie. Au bout de trois séances, un début d'apaisement se manifeste. J'y vais avec plaisir, d'abord une fois par semaine, puis tous les quinze jours à cause du prix, car la Sécurité sociale ne rembourse même pas le montant de la consultation de base. Je prends conscience de ma maladie, je ne me trouve plus obèse quand je me regarde dans un miroir, et je ne me laisse plus marcher sur les pieds par Maman, ce qui n'est pas le moindre des progrès que j'accomplis.

*
* *

Je vais passer le week-end de la Pentecôte avec mes parents dans la vallée de Chevreuse, chez un de leurs amis, un veuf dont Maman garde la petite fille âgée de 4 ans. Le dimanche, je suis prise de crampes. Sans rien m'en dire, mon beau-père appelle les pompiers qui me ramènent... à G. ! Retour à la case départ.

Mon taux de potassium est bien trop haut cette fois. Croyant bien faire pour ma santé, j'ai en effet avalé en grande quantité le sirop que mon médecin m'a prescrit. Or, avec une présence de potassium si forte, on peut faire un arrêt cardiaque. Après le bilan, une infirmière revêche apparaît en tenant dans la main un flacon de liquide blanchâtre. Rien que de le voir, me révulse. Mais comme elle dit sans préambule : « Avalez ça immédiatement ! Votre potassium étant à 6, il faut le faire baisser d'urgence sinon vous allez mourir », je m'exécute. Une épreuve de plus.

Le professeur qui dirige le service où je suis admise estime, de son côté, qu'il devra me garder au minimum trois mois. Dans ses rêves ! Je n'ai pas l'intention de rester dans cet hôpital nul, je vais me tirer. Est-ce l'EMDR ? En tout cas, les réflexions des infirmières ne m'atteignent plus et je ne me laisse pas impressionner par les oukases médicaux.

Mes parents n'ont droit qu'à de brèves visites. Au bout de quatre jours, je demande à signer une décharge pour sortir. L'infirmière me rétorque : « Vous n'avez pas le droit, c'est le procureur de la République qui décide, avec le psychiatre. Vous serez internée pendant au moins quatre mois, jusqu'à ce que vous pesiez 60 kg. S'il le faut, on vous gardera un an. » Elle me prend pour une idiote, avec son chantage ? Je remonte au créneau : « Je veux voir un responsable. Vous ne pouvez pas me garder contre mon gré, je suis majeure. » Elle refuse, je la préviens donc que je vais me barrer.

On m'a tout confisqué quand je suis arrivée, mon portable, mon argent et même mes chaussures. Il ne me reste que mes clés. Tant pis, je m'évaderai pieds nus. J'attends l'heure où la plupart des infirmières vont déjeuner, et je prends l'ascenseur jusqu'au rez-de-chaussée. Devant la porte principale, un taxi attend le patient pour lequel il a été appelé. Je saute dedans et donne l'adresse de mon studio, puis je réfléchis que l'hôpital est capable de prévenir la police de ma fuite et que je risque de me faire cueillir si je vais là-bas. Je me fais arrêter au premier café, en m'excusant auprès du chauffeur de ne pouvoir le payer.

*
* *

J'ai besoin de reprendre des forces ; à G., en vertu d'un protocole progressif, on ne me donnait que 300 calories par jour et j'ai encore maigri. Une sensation oubliée depuis longtemps agite mon estomac : j'ai faim. Incroyable ! On dit que les émotions creusent, eh bien ce doit être vrai, mon évasion m'a mise en appétit. Je commande des tartines beurrées que je dévore, arrosées d'un café. Un repas de gala ! Puis j'explique mon cas au patron du café et à la serveuse, qui me prête son portable pour que j'appelle mes parents. Ils viennent régler mon addition et me récupérer. G. les a prévenus de ma disparition et mon beau-père a prétendu qu'eux aussi me cherchaient. Le soir, nous allons dormir à l'hôtel Premier Prix, de peur que la police ne vienne m'arrêter à Arbonne-la-Forêt.

Le lendemain, mon beau-père rappelle l'hôpital et raconte que je l'ai contacté mais que je refuse de révéler l'endroit où je me trouve. Un nouveau chapitre dans le grand roman des mensonges familiaux...

Persuadée que tous les flics de la région se sont lancés à ma poursuite, je n'ose retourner ni à mon studio ni à la fac. Mes parents m'approuvent. Me voici devenue une fugitive en cavale.

*
* *

Refuge classique, nous nous tournons vers la famille, du côté de mon beau-père car je n'ai aucune envie de demander l'hospitalité à mon oncle maternel. Je pars, seule en train, chez la sœur de mon beau-père qui vit sur la côte armoricaine.

Le séjour chez Viviane, qui se montre ravie de m'accueillir, est une découverte, à plus d'un titre. J'apprends que mes parents font barrage entre nous depuis des années, me taisant ses invitations et lui mentant sur mon état. Nous faisons connaissance, et je m'aperçois que ma tante est une femme géniale. Belle, soignée, élégante, dynamique, gaie comme un pinson. Un peu l'inverse de ma mère. Elle me trace de mon beau-père un portrait peu flatteur, me révélant que depuis des années il tape sa famille sans rembourser un centime. Plus grave à mes yeux, il critique Maman et l'accuse de tous nos maux, pour mieux se dédouaner. Il ne m'épargne guère non plus.

Elle nous prépare une cuisine saine et savoureuse, que je mange avec plaisir et que je ne vomis pas.

Nous parlons énormément pour rattraper le temps perdu, je lui raconte mon enfance en détail, jusqu'aux écharpes. Je rencontre une de ses filles, ma cousine, qui vient d'accoucher d'un adorable bébé. En le prenant dans mes bras, je me rends compte que j'ai à peine la force de le porter. J'ai toujours rêvé d'avoir un enfant, y parviendrai-je avec un corps aussi amoindri ? En tout cas, je commence à regretter mes ennuis et à penser qu'il serait beau de devenir femme pour, un jour, donner la vie.

Viviane me laisse essayer ses vêtements. Elle me prend en photo dans différentes tenues pour mon book. Quand elle imprime les clichés, je me vois trop maigre, ce qui ne s'était jamais produit jusque-là. Viviane m'incite gentiment à reprendre du poids, tout en me disant qu'elle comprend à quel point c'est difficile. En y allant progressivement, je devrais atteindre une quarantaine de kilos et ne plus compromettre gravement ma santé. J'écoute ma tante, je bois ses paroles, parce qu'elle incarne à mes yeux la femme idéale. Si seulement j'avais eu une mère comme elle !

Chapitre 25

AUX PORTES DE LA MORT

Les quatre jours passés chez ma tante m'ont regonflée physiquement et apaisée moralement. Je rentre à Paris à regret, en me promettant de rester en contact avec ma chère Viviane.

Mes nombreux séjours à l'hôpital ont ruiné mon année universitaire, je n'ai mis les pieds ni à la fac ni au cours Florent depuis des mois, et les grandes vacances reviennent déjà. Je décide de repartir au Festival d'Avignon. Comme je n'ai plus mon violon pour assurer ma subsistance, je dis des poèmes et des contes dans la rue, créant ainsi mon propre spectacle. Ensuite, comme la première fois, je vais à Cannes et Nice. Grâce au stop, je découvre Antibes et Newton. Dans chaque ville, j'essaie de lire des poèmes sur la Provence aux touristes pour gagner un peu d'argent.Il fait très chaud, la nourriture me dégoûte, je n'absorbe que des citrons pressés, sans sucre bien sûr, et du lait. Au bout de quelques jours, je me sens si mal que j'appelle

Maman. Elle emprunte une voiture, la sienne ayant rendu l'âme, et vient me chercher. Au retour, nous musardons en Camargue car elle sait ma passion pour les libres oiseaux. Nous apercevons des flamants roses, mais je suis si fatiguée que mes yeux peinent à les voir. Maman propose d'aller faire un tour en Espagne, j'accepte, en dépit de mon état de faiblesse. J'accepte toujours de voyager, de découvrir de nouveaux paysages. J'ai été tellement privée de mouvement !

*
* *

À la hauteur de Perpignan, nous nous arrêtons pour la nuit dans un hôtel bon marché. Mon malaise s'aggrave rapidement, je tombe dans une sorte d'inconscience entrecoupée de bouffées délirantes. Maman me fait transporter d'urgence à l'hôpital le plus proche.

Je ne pèse plus que 25 kg, mon taux de potassium est descendu à 1,8 alors que le minimum normal est de 3,6, l'hémoglobine à 4 au lieu de 12. À se demander comment je suis encore en vie ! Mes veines trop fines et mon sang trop épais obligent les médecins à poser un cathéter non plus dans la cuisse, mais sous la clavicule, pour me transfuser. La pose d'une sonde, envisagée un moment, est abandonnée en raison de l'état de mon œsophage. On me nourrit donc également par la perfusion, ce qui se révèle douloureux car le liquide est plus dense.

Un médecin vient voir Maman, qu'on a cantonnée dans la salle d'attente. « Votre fille est dans le coma. On fait tout ce qu'on peut, mais on ne sait pas si on va arriver à la sauver. »

Entre deux plongées dans les ténèbres, je suis poursuivie par des visions effrayantes, la fin du monde dans un crash de planètes, le jugement dernier envoyant toutes les âmes en enfer. Puis un tunnel au bout duquel brille une lumière aveuglante m'aspire. Je m'arc-boute de toutes mes forces, je ne veux pas y aller, je me cramponne à la mince étincelle de vie qui menace de s'éteindre en moi. Je crie, à la grande surprise des infirmières qui ne comprennent pas comment un corps aussi affaibli peut proférer des sons d'une telle stridence. Ensuite, je me mets à chanter une sorte de cantique susceptible de me ramener sur terre. De l'autre côté de la vitre qui isole les patients du service de réanimation, Maman, le visage ravagé de larmes, me regarde lutter.

Par moments, je remonte à la surface de la lucidité, puis je repars, inexorablement. Des souvenirs, récents et anciens, se bousculent. Les étoiles hier soir dans le ciel au-dessus des Pyrénées se mélangent avec les carrés de nuit que découpait la fenêtre de la maison, à Arbonne-la-Forêt. Je sens les écharpes écraser mon nez, les fibres de laine se glisser entre mes lèvres, j'étouffe, je vous en prie, délivrez-moi, ôtez-moi les écharpes, que je puisse respirer.

Une femme coiffée d'un voile bleu s'approche de mon lit. Peut-être est-ce la Sainte Vierge qui vient me chercher pour m'emmener au Paradis. Non, je la reconnais, c'est Maman, avec une charlotte sur la tête et une blouse passée par-dessus ses vêtements.

Pendant quatre jours, je fais la navette entre ce monde et un espace indéfini. Puis j'émerge, pour de bon. Mais, totalement affaiblie et croyant la fin venue, je demande à voir un prêtre pour recevoir les derniers sacrements.

Lorsque je reprends mes esprits, ce passage par le coma me fait l'effet d'un électrochoc. Je frôlais la mort depuis un moment, mais je ne m'en rendais pas compte, je me croyais immortelle. Là, je l'ai vue bien en face et de près, j'ai compris.

*
* *

J'ai si peur de replonger que j'accepte d'être nourrie par sonde. Tout ce qu'on voudra du moment que ça me permet de rester en vie ! On me donne beaucoup plus de calories qu'à G., 1 200 au lieu de 300. Puis je me réalimente, très progressivement : bouillon de légumes, yaourts, compote de fruits et compléments alimentaires. Je bois de la Saint-Yorre parce que c'est l'eau qui contient le plus de sodium. Mon poids remonte à 38 kg, surtout grâce à la réhydratation.

Lorsque Maman me raconte comment elle a vécu ces quatre jours, je comprends à quel point je l'ai fait souffrir. Mon beau-père descend à Perpignan mais je refuse de le voir.

Pendant les presque trois semaines que je passe à l'hôpital, je ne bénéficie d'aucun suivi psychothérapique. En revanche, le psychiatre qui passe de temps en temps me donne des adresses à Paris.

*

* *

Dès ma sortie, Maman m'emmène faire un tour en Espagne à Gérone, comme nous l'avions projeté avant que je ne tombe dans le coma. J'essaie de manger, mais seuls les liquides passent. Le solide repart immédiatement.

Le frôlement de la mort n'a fait qu'aiguiser mon appétit de voyages. J'ai passé trop de temps à étudier, il est temps de vivre. Après l'Espagne, nous nous rendons à Lourdes. Je n'espère pas de miracle, je prie pour les autres, les vrais malades. L'émotion escomptée n'est pas au rendez-vous dans la grotte. Une fois de plus, la grâce m'est refusée. Je ne la mérite pas. Il y a beaucoup de personnes âgées autour de nous, et je me vois en elles comme dans un miroir. Si je ne réagis pas rapidement, je ne ferai pas de vieux os. La mort reviendra me chercher, pour de bon cette fois-ci. Qui pourrait m'aider ?

Nous continuons notre virée dans toute la France et jusqu'en Allemagne. Les fonds se tarissent, et il nous arrive plus d'une fois de quitter un hôtel au petit matin sans payer.

*
* *

Nous rentrons à Paris en novembre. Je revois le docteur Robert pour des séances d'EMDR. Mon poids est retombé à trente kilos. Que vais-je devenir ? Je n'ai plus d'argent pour me payer la troisième année inachevée du cours Florent. J'achète des oiseaux pour me tenir compagnie dans mon studio. Je m'inscris à l'ANPE, en même temps que je demande une aide à la Cotorep car je n'ai plus la bourse de la fac et je me sens trop faible pour enchaîner les petits boulots comme je l'ai fait depuis mon entrée en fac.

Paris m'insupporte, avec sa pollution, son stress et sa foule hargneuse. Je voudrais partir, m'éloigner de mes parents, reprendre contact avec la vie qui a failli m'abandonner. D'abord je pense aller à Lyon, là où Maman a étudié les beaux-arts. Il paraît qu'il y a une bonne école de théâtre. Des copains du cours Florent m'ont parlé de Marseille comme d'une ville très vivante sur le plan artistique. J'y descends tourner un court-métrage et travailler dans une troupe qui prépare un spectacle pour Avignon, lequel en fin de compte ne se fera pas. Mais ce séjour me donne l'opportunité de découvrir la cité phocéenne et de m'y sentir bien. Les prix de l'immobilier sont plus raisonnables qu'à Paris. Pour le même loyer que mes quinze mètres carrés du XVIIe, je trouve cinquante mètres carrés, soit une surface plus que triple, en rez-de-chaussée. C'est idéal ! Certains jours, j'avais un mal fou à grimper les deux étages qui menaient à mon studio. Je devais m'asseoir plusieurs fois en cours de route. Il m'est même arrivé de les escalader à quatre pattes comme un petit chien. Maman est déchirée de me voir partir si loin, mais elle a tellement eu peur de me perdre qu'elle s'incline.

En avril 2006, mon beau-père m'aide à faire mon déménagement et me descend en voiture avec mes affaires à Marseille. Le trajet nous donne l'occasion de bavarder et nos relations s'améliorent.

Chapitre 26

PARTIR POUR REVIVRE

À cause d'une angine, je vais consulter un médecin marseillais dont le cabinet se trouve près de mon nouvel appartement. Il soigne ma gorge, puis s'intéresse à mon anorexie. Bon début, il me fait parler et m'écoute. Sans me fixer d'objectif de poids, il me donne des conseils pour me réalimenter en douceur et me prescrit des compléments alimentaires. Il m'adresse également à des spécialistes pour mes problèmes de sang et de reins, après avoir fait pratiquer une batterie d'examens. Les prises de sang ne doivent pas être trop fréquentes car j'en ai peu : environ 2 litres, alors que la normale se situe entre 4 et 5 litres selon la corpulence. D'abord tous les quinze jours, puis une fois par semaine, de façon à pouvoir redresser la barre rapidement en cas d'anomalie.

C'est la première fois que je bénéficie d'un suivi médical aussi complet. Le docteur Jacques consacre une demi-heure à chaque consultation, il m'ausculte, prend ma tension assise et allongée. Il m'envoie à une psychiatre marseillaise. Le courant ne passe pas. Elle ne m'écoute pas et décrète : « C'est l'internement. On va vous poser une sonde, il faudra reprendre au moins 1,8 kg par semaine, que ça aille vite. » Une catastrophe ! Je m'enfuis en courant. Le docteur Jacques me propose alors que nous nous voyions une fois par semaine. Ce système me convient bien, une relation de confiance s'est établie et il prend en compte tous les aspects de ma maladie. Sans doute cela tient-il à son ancienne formation de pédiatre.

J'ai toujours du mal à équilibrer mon alimentation, mais mon poids cesse enfin de chuter.

*

* *

En juillet 2006, je commence à publier mon blog sur Internet. J'y déverse mes peurs et mes blocages, comme dans un journal intime, sans m'imaginer qu'il sera consulté. L'afflux de réactions qu'il suscite me surprend beaucoup.

Je trouve un remplacement dans une société qui produit des vidéos informatives et commerciales pour des firmes locales. C'est bien payé et je suis amenée à me déplacer dans la région, ce qui me plaît. J'invite des collègues à dîner chez moi, j'adore cuisiner et faire manger les autres. Mais moi je vais vomir en douce après le repas. Je continue à prétendre que tout va bien et à faire comme si j'étais normale. Les gens avec lesquels je travaille s'abstiennent de poser des questions ou de faire des remarques, ce qui me permet de me sentir à l'aise dans mon job. En revanche, dans la rue c'est une autre affaire. Les Marseillais ont le verbe haut et peu de souci de la discrétion. Mais je commence à être habituée.

*
* *

Je continue à passer des castings, uniquement ceux où il est stipulé que la personne recherchée doit impérativement être très mince, par exemple pour un rôle de tuberculeuse. Les autres, je n'y vais plus, je sais qu'on ne voudra pas de moi. Et je ne veux plus entendre de réflexions telles que : « Ce n'est pas un film sur les camps de concentration, vous n'avez pas lu l'annonce ? » ou bien « On n'embauche pas de cadavre. » Ma maigreur constitue un handicap dans mon métier de comédienne, je ne le sais que trop. On ne me prend que pour jouer les malades ou les sorcières.

*
* *

Je vais souvent à Nice voir Rodolphe, un copain homosexuel rencontré dans le train entre Cannes et Nice l'été dernier. Lui aussi a souffert d'anorexie et en a gardé des séquelles qui le gênent dans sa carrière de danseur. Je le considère un peu comme un grand frère.

Au cours de l'un de mes déplacements professionnels, je rencontre un homme plus âgé qui me plaît beaucoup. Pierre est pépiniériste et m'avoue tout de suite qu'il est marié, puis me demande mon numéro de téléphone. Dès le lendemain, il m'appelle et m'invite chez lui. Il habite une superbe bastide aux portes d'Arles, qu'il me fait visiter. Nous nous promenons dans le jardin, nous parlons, nous buvons du vin de sa propriété en écoutant de la musique et nous dansons. Pierre me fait goûter les tomates et les fraises de son potager, je leur trouve une saveur délicieuse. Il rit en me voyant les couper en petits dés.

Petit à petit, le charme agit et les choses s'enchaînent tout naturellement. Pierre est un amant doux et patient, il me fait découvrir les plaisirs de l'amour physique, la suavité de la tendresse et la beauté du corps masculin. Enfin, à vingt-quatre ans, je perds ma virginité.

Le bonheur est une chose nouvelle dans ma vie. Bien sûr, je préférerais que Pierre soit célibataire, cependant je fais taire mes scrupules en me disant que je ne dois pas être la première avec laquelle il trompe sa femme. Nous ne nous voyons pas aussi souvent que je le souhaiterais, certes, mais les moments que nous passons ensemble sont toujours parfaits, intenses et tendres à la fois. J'y trouve une source d'énergie pour me battre contre la maladie.

*
* *

La publication de mon blog a une conséquence inattendue. Je suis contactée pour trois émissions de télévision sur des chaînes différentes. Les deux premières ne m'inspirent pas, en revanche la troisième, le *Droit de savoir* sur TF1, propose un angle qui m'intéresse. Il s'agit de montrer à quel point cette maladie est difficile à vivre. Je me rends à Paris, en décembre 2006, pour rencontrer l'équipe de l'émission. On me fait visiter les locaux de la chaîne puis nous discutons de la possibilité de me confronter avec celles qui se revendiquent comme des Pro Ana, c'est-à-dire qui prônent l'anorexie comme mode de vie. Autant dire que je ne suis pas du tout d'accord avec leur point de vue !

Je ne veux juger ni condamner personne, j'ai trop souffert moi-même d'être rejetée à cause de la maladie. Mais je crois qu'il est important de dénoncer les ravages de l'anorexie. Il faut cesser de sacraliser la maigreur. Dans les magazines, les photos sont retouchées, c'est un mensonge qu'on enfonce dans la tête des femmes. On ne montre jamais les conséquences de l'anorexie. À chacune de trouver le poids qui lui convient. On devrait accepter toutes les conformations et arrêter de dévaloriser celles qui sont trop minces ou trop grosses : le principal est d'être en bonne santé. Je milite résolument pour la Size Acceptance, qu'on se le dise !

Le docteur Robert devait participer à l'émission, mais il fait le mort. Il ne répond ni aux coups de téléphone ni aux mails. Son silence sans explication me blesse profondément. Je crois qu'il est gêné de ne pas s'être rendu compte de mon état physique.

Les journalistes de TF1 descendent à Marseille pour me filmer dans ma vie quotidienne. Ils me mettent au défi de prendre un kilo en un mois. Une caméra m'est remise, afin que je puisse enregistrer mes repas.

J'apprends par ailleurs, via une agence de casting parisienne, que le photographe Oliviero Toscani, rendu célèbre par ses campagnes controversées pour Benetton, cherche une jeune fille très anorexique pour dénoncer la maladie. Comme il me semble que Toscani a une façon d'utiliser la publicité assez intéressante, j'ai envie de tenter ma chance.

Quand j'en touche deux mots à Maman, elle s'écrie : « J'espère que ce n'est pas le salaud qui a photographié un malade du sida sur son lit de mort ! » Je n'ose pas lui dire que si, c'est lui. Je m'attends à ce qu'il cherche à provoquer la polémique, mais je me dis que, peut-être, si j'avais vu ce genre d'image il y a quelques années, je ne pèserais pas trente kilos aujourd'hui.

En avril, je remonte à Paris pour participer au

casting de Toscani. L'équipe du *Droit de savoir* décide de me suivre rue Saint-Denis, dans l'agence de mannequins où j'ai rendez-vous avec Brice, l'agent de Toscani. Il m'explique la teneur du projet : je serai nue et sans maquillage.

J'ai un petit recul en entendant le mot « nue », puis je me dis qu'il a raison. Ce sera plus choquant ainsi, donc plus efficace pour servir la cause anti-anorexie. La maladie ne sera pas dissimulée derrière des vêtements à la mode et un joli maquillage. Si je suis retenue, on me verra telle que je suis, avec mes escarres et mes plaques de psoriasis. Je ne sais pas si ma carrière de comédienne y survivra, mais je crois que c'est mon devoir de me battre pour éviter à d'autres de se laisser happer par cet engrenage infernal dont il est si difficile de s'échapper. Et puis c'est un moyen de faire bouger les mentalités du côté des soignants aussi. Les structures de soin adaptées manquent, j'en sais quelque chose ! Ou alors elles sont réservées aux adolescents, comme la Maison de Solenn qui m'a refusée parce que j'ai plus de dix-huit ans.

Brice me demande :

— Est-ce que vous êtes prête à assumer la polémique, peut-être le scandale ?

— Oui, absolument, ne vous en faites pas, je tiendrai le coup.

Il me photographie avec un Polaroïd, puis avec un appareil argentique. Je me trouve laide à faire peur sur les Polaroïds. Mais c'est le but !

Le 1er mai, Brice m'appelle pour m'informer que Toscani a retenu ma candidature et m'attend le 3 mai pour me photographier. Je ne demande même pas combien je serai payée, je ne fais pas ça pour l'argent.

Chapitre 27

La baguette médiatique

L'équipe du *Droit de savoir* vient me filmer à l'arrivée du TGV, ce 3 mai. On m'emmène dans le XIVe arrondissement, au studio du photographe.

Oliviero Toscani est un grand gaillard un peu bedonnant. Il se montre très aimable avec moi et plaisante gaiement. Son accent très présent ne laisse aucun doute sur ses origines. Je me sens très intimidée.

On m'emmène dans une loge où je me déshabille et revêts un peignoir. Toscani veut que je porte un string Nolita, la marque pour laquelle nous faisons cette photo. Le coiffeur me laque les cheveux et la maquilleuse ne me maquille pas.

Je vais sur le décor blanc et je m'allonge. Il y a foule : le coiffeur, la maquilleuse, la femme de Toscani, Brice, l'équipe de télévision composée d'un journaliste, un cameraman et un preneur de son, plus deux personnes que je ne connais pas.

C'est déjà difficile pour une femme normale de se déshabiller devant des inconnus, alors là ! C'est mille fois pire. J'enlève mon peignoir en essayant de ne pas penser à tous ces regards posés sur moi. Je me répète que c'est pour la bonne cause que je sacrifie ma pudeur.

La prise de vues dure trois heures environ. Toscani me demande d'enlever le string, il préfère qu'on voie les escarres. Il modifie les éclairages, change d'objectif, fait la navette avec l'ordinateur sur lequel il visionne ses clichés. Au bout d'un moment, je m'habitue à ma nudité, je l'oublie presque. Quand le photographe est satisfait, je suis autorisée à aller me rhabiller. Toscani me lance, avant que parte : « Reviens me voir quand tu pèseras 40 kg ! » Son amabilité de commande est au moins autant destinée à l'équipe de télévision qu'à moi.

Brice me prévient qu'il n'est pas sûr que le client accepte le shooting. Je serai payée 700 euros pour la prise de vues, sur lesquels sera prélevé un pourcentage pour faire un don à la Maison de Solenn. Ainsi en a décidé l'agence de casting, on ne m'a pas demandé mon avis mais de toute façon je ne connais aucune autre structure spécialisée. On ne pourra pas dire que je suis rancunière envers un établissement qui n'a pas voulu me soigner !

Après la séance, je me sens pleine de l'énergie du devoir accompli. Les membres de l'équipe de télévision se montrent très positifs, ils ne doutent pas que cette image fera réagir le public. Mais ils s'inquiètent pour moi : vais-je assumer une exposition aussi crue ? Ils font confiance à mon caractère fort, il faut déjà beaucoup de courage pour avoir fait cette photo.

*
* *

De retour à Marseille, je continue à me filmer, avec la caméra prêtée par TF1, pendant que je mange. C'est un peu comme si je jouais un rôle, je peux donc m'autoriser à m'alimenter plus afin de montrer le bon exemple. Je voudrais tant que le public – et surtout les médecins – comprenne, à travers ce reportage, qu'il ne s'agit pas d'un caprice. J'ai gagné le pari fait avec l'équipe, j'ai repris un kilo.

*
* *

La diffusion de l'émission est programmée le 5 juin. Mes parents ne sont pas au courant. Je décide d'aller chez eux pour m'assurer qu'ils ne la regarderont pas. Dans l'après-midi qui précède, je réfléchis que ce ne sera pas tenable, il y a forcément des gens qui leur en parleront. Mieux vaut crever l'abcès avant, c'est-à-dire maintenant. Mon beau-père est scandalisé, ma mère inquiète et choquée. Je leur demande de ne pas regarder l'émission, mais c'est évidemment impossible. Tant pis, je serai avec eux, je pourrai recueillir leurs réactions à chaud.

Elles ne se font pas attendre ! Dès les premières minutes de la diffusion, Maman gueule : « Ce sont des voyeurs ! Et l'autre, qui ne photographie que des cadavres. » J'essaie de lui expliquer pourquoi j'ai accepté de participer au reportage, mais elle ne m'écoute pas. Comme d'habitude... En même temps, je suis soulagée, car je redoutais une véritable crise de nerfs.

Je suis un peu déçue que beaucoup de choses aient été coupées au montage, mais c'est la loi du genre. L'ensemble me satisfait, parce que différentes formes d'anorexie sont montrées. Je me trouve affreuse, une honte, mais je pense que le message passe.

Le lendemain, j'accompagne Maman pour faire des courses. Des gens s'approchent et lui demandent, en me désignant du doigt :

— C'est votre fille, là, qui était dans l'émission hier soir sur TF1 ?

— Non, pas du tout.

Je la dévisage, estomaquée, sans pouvoir me décider entre la colère et la honte.

Ce n'est que sur le chemin du retour à Marseille que je commence à mesurer l'impact de l'émission. Des gens viennent me parler dans le train, puis m'arrêtent dans la rue, me félicitent pour ma participation, m'assurent de leur soutien. La sympathie et la compassion ont remplacé l'agressivité et l'incompréhension, comme par magie. Je n'en reviens pas ! Mon message est passé, ma souffrance a été entendue. Une certaine solitude s'achève, je me sens réintégrée dans la communauté et je rencontre enfin mes voisins.

Une avalanche de courrier me parvient. Des anorexiques qui sollicitent de l'aide, d'anciens anorexiques qui m'encouragent, des déçues de la Maison de Solenn qui demandent des adresses, des familles qui me remercient pour mon témoignage. Je réponds personnellement à chaque lettre, avec quelques conseils simples : avoir un bon suivi médical, retrouver le goût des aliments, réapprendre à aimer la vie.

Les Témoins de Jéhovah me démarchent, ainsi qu'un centre de soins qui se vante de pratiquer la « chirurgie de l'âme ». Je vais y faire un tour, par curiosité. En fait, il s'agit de l'église de Scientologie, qui décidément ne recule devant rien. Je m'enfuis en courant !

*

* *

Début juillet, je rappelle Brice car je suis sans nouvelle depuis la prise de vues. Il m'apprend que le magazine *Elle* est intéressé et que la photo sortira peut-être en septembre, en Italie mais pas en France.

Des photographes me contactent pour un reportage sur l'anorexie. Ils revendent, très cher, les photos à une agence de presse sans me reverser un centime, alors que j'ai à peine de quoi payer mon loyer. Il n'y a pas que les sectes dont il faut se méfier...

*
* *

Je prends aussi des distances avec mes parents. Maman m'appelle deux fois par jour pour savoir si je vais bien, à la longue c'est pesant. Mais je préfère éviter les conflits.

Je continue également à faire de la figuration et à tourner dans des courts-métrages. Courant juillet 2007, je retourne à Avignon. Je finance mon séjour en vendant mes créations, des cadres contenant des personnages que je confectionne. Je mange peu, mais j'arrive à ne plus vomir, ce qui me permet de retrouver un peu d'énergie. Lentement, mon poids remonte. Je passe quelques jours chez des amis à Sainte-Maxime, je vais à la plage, je me baigne, je sors, je me promène, bref je mène une vie presque normale.

À la fin de l'été, Maman me propose de me payer ma troisième année de cours Florent. Grâce à un petit héritage, la situation financière de mes parents s'est arrangée.

*
* *

J'ai un trac fou, cela fait des mois que je ne suis pas montée sur scène. Je participe à un stage au studio Pygmalion – que Maman m'offre – pour préparer le concours que je crains de rater.

Quand le grand jour arrive, je passe ma scène comme sur un nuage. François Florent me dit que je suis une grande comédienne et que c'est un honneur pour lui de me voir réintégrer le cours. C'est trop de bonheur, mon cœur tape de joie dans ma poitrine et mes joues doivent être toutes roses.

*

* *

Le magazine *Elle* m'appelle pour me dire que la photo de Toscani va peut-être sortir incessamment en Italie. J'accepte de répondre à quelques questions.

Le lundi 25 septembre, l'équipe de Marc-Olivier Fogiel me contacte pour participer à l'émission du lendemain soir en direct. La photo est sortie. Je la découvre dans *Vanity Fair* Italy. Je suis horrible ! Heureusement que ça ne sortira pas en France. Si ma mère voit ça, je meurs de honte.

Un véritable déchaînement médiatique commence. Dans la nuit, Europe 1, puis RTL me téléphonent pour m'interviewer. France 2 et France 3 s'y mettent aussi. Je suis assaillie de toutes parts, je n'accepte que ce qui me semble sérieux, mais ce n'est pas toujours évident de repérer ceux qui ne cherchent que le trash. Une équipe de télévision vient me filmer à mon hôtel le matin. Ensuite je pars pour France 2, où je dois participer au journal de midi. BFM TV vient m'interviewer dans le studio après la fin du JT. Dehors, une équipe de TF1 m'attend pour tourner un sujet destiné au journal de 20 heures de PPDA. Mathias, le journaliste du *Droit de Savoir*, m'appelle pour *66'inside*. La RAI et CBS me veulent aussi. Je ne sais plus où donner de la tête, c'est la folie ! Ensuite je me rends sur le plateau de *T'empêches tout le monde de dormir*, où sont également invités Jean-Marie Bigard, David Halliday, Élisabeth Guigou et Jean Dujardin. Marc-Olivier Fogiel se montre très aimable. Dès qu'il a fini de m'interroger, je quitte l'émission, car je dois partir pour l'Italie le lendemain matin par l'avion de sept heures et j'ai eu une grosse journée.

*

* *

J'ai un choc en découvrant l'affiche placardée dans les rues de Milan. Tous ces regards sur mon pauvre corps de vieille femme... Une agence de presse qui me propose une exclusivité photo m'accompagne en Italie et veut me faire rencontrer Toscani. Mais il refuse en disant : « Elle veut faire sa diva, eh bien qu'elle la fasse sans moi. » Apparemment, il n'est pas content que les médias s'intéressent au modèle plutôt qu'au photographe.

Il fait un froid de gueux à Milan et je n'ai presque rien emporté. L'agence de presse propose qu'on demande à Nolita des vêtements pour moi. La firme me fait livrer une sélection de ses créations... en taille 40. Plus tard, dans une interview au journal *La Provence*, Toscani déclare qu'il se préoccupe peu de l'anorexie et des anorexiques, mais s'intéresse simplement aux problèmes de son temps. « Je ne suis ni choqué ni touché par l'anorexie, dit-il. Je suis un simple témoin de mon temps, un photographe, qui à la manière d'un reporter, s'interroge sur des faits de société. » Nous n'avons pas le même objectif. Lui cherche la notoriété. Moi je veux faire passer mon message et obtenir l'ouverture de structures de soins spécialisées ouvertes aux patients sans limite d'âge. Chacun son truc !

*
* *

Que ce soit dans la presse, sur mon blog ou dans la rue, la photo déclenche des réactions plus violentes et plus contrastées que le *Droit de savoir*. Il est vrai que l'émission de télévision permet de s'expliquer, alors que l'affiche assène un coup de poing.

Sur Internet, les Pro Ana se déchaînent contre moi. « Qu'est-ce que tu viens nous emmerder ! C'est beau la maigreur, c'est un choix de vie. » Ma démarche ruine leur propagande démente, elles n'apprécient pas.

Je redoute la réaction de mes parents. Maman se contente de me dire : « Tu fais ce que tu veux. Si ça t'aide à t'en sortir, tant mieux. » Mon beau-père se réfugie dans sa position de victime. Rien ne bouge vraiment, on se tait au lieu de s'expliquer franchement.

*
* *

L'agitation médiatique bat son plein jusqu'à Noël 2007. On m'invite à New York, Vienne, Rome, Athènes, Madrid, Hambourg... Aux États-Unis où le mouvement Pro Ana est né et continue à infecter l'esprit de nombreuses jeunes filles, ma dénonciation des ravages de l'anorexie rencontre un écho particulièrement favorable.

D'une façon inattendue, j'ai exaucé le vœu de Maman, qui me répétait : « Quand tu passeras à la télé... » Moi je n'ai jamais rêvé de la célébrité, et surtout pas de celle-là. Si je veux être comédienne, ce n'est pas pour être sous les projecteurs, c'est pour servir un texte, enchanter des spectateurs et échapper à ce que je suis. L'émission, la photo, je les ai faites parce que j'estimais que c'était mon devoir. Mais je ne compte pas faire carrière comme missionnaire anti-anorexie, même si j'espère pouvoir aider beaucoup de malades. Pour cela il me faut guérir, et c'est une entreprise extrêmement difficile. Je vais avoir besoin de courage et d'aide.

Épilogue

J'ai passé la moitié de ma vie dans l'anorexie. Ce récit n'est pas destiné à en rejeter la faute sur ma famille, mais à expliquer un enchaînement de circonstances qui ont probablement influé sur le développement de la maladie.

On me reprochera peut-être de l'avoir utilisée pour conquérir l'éphémère (je ne me fais aucune illusion sur ce point), célébrité due à une soudaine exposition médiatique. C'est ignorer les souffrances que j'endure. Souffrances physiques d'un corps prématurément vieilli et atteint de dysfonctionnements sévères. Souffrances morales de devoir constamment lutter pour empêcher la partie malade de mon être de me tuer. Je subis un écartèlement permanent entre ma volonté de vivre et donc de manger, et l'impossibilité physiologique autant que psychique d'y parvenir. Mon existence est soumise à des rituels délirants et, bien que je me force à faire aboutir mes projets, l'angoisse ne me quitte jamais et la peur de mourir d'une seconde à l'autre m'obsède.

*

* *

J'ai voulu, à travers ce livre, ôter l'écharpe sur ma bouche pour dire ma douleur et mon espoir. Oui, j'espère guérir, peut-être pas complètement, mais suffisamment pour fêter mon soixantième anniversaire. La maladie n'a fait qu'exacerber mon amour de la vie, mon envie de la croquer à pleines dents, ma faim de rôles et mon appétit pour les voyages. D'une certaine manière, j'applique le concept de mon maître Boris Cyruloik sur la résiliance.

Avec cet ouvrage, je ne compte pas apporter de solution, n'étant pas médecin et n'ayant pas la science infuse, mais j'espère que mon récit contribuera à changer le regard porté sur l'anorexie. Les anorexies, ai-je envie de dire, car il y a autant de formes d'anorexies que d'anorexiques. C'est pourquoi il est aussi difficile de nous soigner.

La prochaine fois que vous croiserez une jeune fille trop maigre dans la rue, offrez-lui un sourire. Elle en a bien besoin...

Annexe

Une tribune de François Florent

Cette lettre écrite par François Florent, du cours de théâtre qui porte son nom, a été rédigée en réponse à un article de Karin Bernfeld paru dans *le Monde*. Elle a été envoyée au journal du soir qui ne l'a pas publiée.

L'article de Karin Bernfeld est salutaire. Il faut qu'il retentisse comme Le Cri *d'Edvard Munch face à la gueule de tous ceux qui utilisent la douleur humaine comme support à leurs affaires. Le* panem et circenses *des Romains n'est plus que roupie de sansonnet.*

Dans un établissement comme le nôtre, nous essayons de lutter contre l'abêtissement médiatique par le truchement des grands textes, par le maniement des antagonismes séculaires entre l'homme et l'homme, par la recherche d'une possible harmonie entre soi et soi. Notre pédagogie qui ne vise pas à « former des vedettes » voudrait ne pas trop manquer à son objectif : « dire au monde qui il est ».

Évidemment, nos élèves ne sont pas enfermés dans un ashram et les ouvertures sur les professions du spectacle vivant n'ont ni à nous échapper, ni à leur échapper, dans la mesure où l'on fait appel à leurs qualités d'acteurs et d'actrices en devenir.

À nos yeux, ce qui arrive à Isabelle est à la fois intolérable et contradictoire.

Chez nous, Isabelle – comme d'autres qui peuvent présenter des handicaps – est une apprentie comédienne « ordinaire » qui suit, à son rythme, notre cursus.

Tous nos anciens ne sont pas à la Comédie-Française, ils sont nombreux à faire des photos ou à tourner des pubs ; qu'Isabelle ait d'une certaine façon voulu faire une œuvre d'actrice en cédant au mirage de la popularité, au feu des projecteurs, au furetage des caméras, qui pourrait lui en vouloir ? Après tout, une jeune comédienne doit se faire voir sur les plateaux des télés, et Isabelle succombe tout naturellement en s'identifiant à ses camarades qui viennent parler de leur dernier film ou de leur dernière pièce.

L'utilisation détournée et abusive par les médias (talk-show, etc.) de l'actuelle maladie des « troubles alimentaires » dont souffre Isabelle est beaucoup plus pernicieuse que la campagne « no anorexia » qui démembre, bien davantage que le corps d'Isabelle, l'âme perdue d'un photographe aux mains ligotées.

Isabelle est happée par le manège médiatique car son charisme est singulier et son verbe, délié. À y regarder de plus près, ne prend-on pas autant d'intérêt à l'écouter qu'à la scruter ?

Et si c'était des capacités d'actrice ?

Je me refuse à jouer les Cassandre comme Karin Bernfeld. Je ne veux pas croire à la descente aux enfers d'Isabelle après son « succès éphémère », je forme des vœux pour qu'il lui soit profitable, je veux croire à sa guérison ; je la sais animée d'un désir immense de vies multiples au travers des dramatis personae *comme les appelle Shakespeare. Viendra le moment, je l'espère, où abandonnant Ophélie, elle prendra plaisir à se frotter à Mistress Quickly.*

Notre travail n'est en aucun cas de l'ordre de la thérapie, mais se range du côté du plaisir et de son ascèse, du besoin profond et de l'énergie retrouvée.

Il serait avantageux et tonique pour Isabelle que ses interviewers s'intéressent à sa vie à venir, fassent valoir ses atouts et exaltent ses perspectives.

L'autre jour, avant que ne se déclenche la furia autour d'elle, Isabelle m'a présenté la Marquise dans la première scène de La Seconde Surprise de l'amour *de Marivaux. Pourquoi, au lieu de revenir sempiternellement sur son « enfance difficile », ne pas lui permettre de jouer devant ces « millions de personnes » un moment significatif de cette scène de Marivaux ? Où l'on verrait qu'Isabelle n'est pas un monstre de foire, mais fait entrevoir une personnalité qui sait donner, plus que bien d'autres, les tribulations du cœur.*

L'aventure du théâtre est sans doute la seule planche de salut pour Isabelle. Qu'on y prenne garde.

Ah oui, Isabelle s'appelle Isabelle Caro.

François Florent

Remerciements

Tout d'abord un grand merci à Thierry Billard, ainsi qu'à toute l'équipe du groupe Flammarion, qui m'ont permis de réaliser ce projet.

Merci à Dominique Bouvard qui m'a aidée à raviver ma mémoire.

À Lise Boël, pour cette belle rencontre.

À Caroline Assouli, qui a cru en ce livre avant tout le déchaînement médiatique.

À Mathias Favron, Aude Séra et TAP production.

À l'université Paris 8, Philippe Tancelin, Fanette Vandeville, C. Amey, Betty, D. Dureuil-Prévost... grâce auxquels j'ai pu apprendre et m'épanouir. Un merci tout particulier à François Florent, qui a su me faire confiance, croire en mes possibilités et me redonner l'espoir en m'accueillant au sein de son école où j'ai pu connaître le bonheur.

Merci à D. Clavel, C. Creuzet.

À Isabelle Huppert, cette grande étoile qui m'a

fait découvrir ma voie grâce à son œuvre magistrale.

À Patrick Poivre d'Arvor, pour ses propos qui m'ont touchée lors d'une interview télévisée consacrée à la campagne « No Anorexia ».

À tous ceux qui m'ont soutenue, même dans les moments les plus difficiles, comme à ceux qui ne m'ont pas abandonnée : Laurence Santini, Claire Bourriot, Kimsy, Philippe Wattinne, Lucia Pozzi, Sylvie, Brice...

À tous les médecins, qui m'ont sauvée et donné la chance de pouvoir témoigner aujourd'hui, à tous ceux aussi qui m'ont aidée à prendre conscience.

À F. de Kervanoël, Martha B., J. Ravier, les Dr Glazmann et Lucciani, à Isabelle de Fréjus.

À ma chère Anne et à toute ma famille.

À tous mes amis encore : Soledad Franco, Julio Piatti, Alexa Brunet, Olga de la Provence, Damayanthi, Peter Michel Bank, Sandi Higgins, Akima, Aurélie, Romina, Olga D., Britt-Marie, Elodie, Lucile et ses parents, Dominique B. (gallinn), Patrice, Géraldine, Stéphanie Schmitt, Aïda Mainer, Ingrid Holley...

Merci enfin aux fidèles de mon blog et à tous ceux qui m'ont écrit ou soutenue dans la rue.

Et si, par malheur, j'ai oublié quelqu'un, ce n'est pas volontairement !